아이들에게 들려주는
철학 이야기

로제-폴 드루아

이창실 옮김

東 文 選

아이들에게 들려주는 철학 이야기

Roger−Pol Droit

La philosophie expliquée à ma fille

© Editions du Seuil, 2004

질문을 제기하지만
대답에 만족하지 못하는
모든 사람을 위하여.

왜 이 책을 쓰게 되었는가?

철학이란 말은 종종 우리를 겁먹게 한다. '철학' 하면 으레 떠오르게 마련인 끔찍하게도 복잡한 질문들과 수수께끼 같은 어휘들, 또 제목조차도 이해하기 어려운 책들 때문이다. 외계인이나 다름없는 소수의 전문가들에게만 허용된 세계라고나 할까? 요컨대 철학이란 모든 사람을 위한 행위는 아닌 것이다. 하지만 그렇게만 생각한다면 잘못이다.

왜냐하면 누구나, 특별히 아이들과 청소년들은 삶의 의미나 죽음·정의·자유, 그밖의 본질적인 문제들에 대한 물음을 갖기 때문이다. 또 우리는 저마다 나름대로 검토와 추리를 통해 개념들을 구축해 나갈 수 있다. 질문의 제기와 사고할 수 있는 힘. 실제로 이것이 철학을 시작하기 위해 필요한 전부이다.

그렇다고 너무 쉽사리 안심한다면 또 다른 함정에 빠질 위험이 있다. 철학이 지나치게 단순하고 누구에게나 접근

가능한 평범한 것이 되어 버린다면 전혀 흥미로운 것이 못 될 수도 있다는 말이다. 누구나 아침부터 저녁까지 마치 숨을 쉬듯 자연스럽게 철학을 한다고 가정하자. 그렇게 믿는다면 여전히 오류를 범하는 것이다.

결국 철학은 골치 아픈 대상이 아니지만, 무의식적이거나 자연스런 행위도 아니다. 우리는 음악이나 스포츠, 수학을 하듯이 다양한 차원에서 철학을 할 수 있다. 신참자 혹은 공인된 실무가로서, 또 아마추어나 전문가로서 말이다.

중요한 점은 환상이나 편견, 모호한 관점들을 멀리한 제대로 된 출발이다. 즉 '철학'이라는 말의 적절한 의미를 전달함으로써 어린 초심자들이 이 개념에 접근할 수 있도록 하는 한편, 그 총체적인 모습과 다양성을 파악토록 하는 것이다. 그것이 바로 이 책의 목표이다.

이같은 정신 활동이 무엇을 의미하는지 알고 싶어하는 소년 소녀들을 위해 나는 이 작은 책자가 실질적인 도움이 되었으면 한다. 이 활동은 결코 소진되지 않는 기쁨과 놀라움, 자유의 원천이 되어 주기 때문이다. 이것이 내가 무엇보다 강조하고 싶은 점이다.

이 책은 열여섯 살인 나의 딸 마리와 내가 나누었던 대화를 바탕으로 씌어졌지만 더 어린 독자들도 어렵지 않게 따라잡을 수 있는 내용이라 생각된다. 사실 나는 평생에 걸

쳐 철학자들의 저서를 읽어 왔으며, 그들의 철학을 연구하고 평했다. 또 현존하는 많은 철학자들과 교제를 나누었으며, 내 자신의 관점을 정리한 책들을 기존의 철학 저서들에 보태기도 했다.

이 과정에서 나는 늘 놀라움을 금치 못한다. 우선 철학의 엄청난 다양성 앞에서 놀란다. 그런가 하면 인간의 뇌 속에서 형성되는 예측 불허의 신기하고도 경이로운 관념들을 발견하면서, 명철하고 섬세한 분석들을 접하면서, 또 정신 세계에서 발산되는 이례적인 자유를 목격하면서 놀라게 된다. 실제로 이 세계 속에서는 금지된 토론이란 없으며, 여하한 가능성도 배제될 수 없고, 어떤 비판도 규제받거나 하지 않는다.

정신의 이런 개방성이야말로 철학의 지칠 줄 모르는 힘으로서, 나는 이것이 우리 삶에 꼭 필요한 요소라 생각한다. 사람은 생각하는 대로 산다고 나는 확신하게 되었기 때문이다. 우리의 생각이 옹색하다면 우리는 옹색하게 살 터이고, 우리의 생각이 자유롭다면 우리는 자유롭게 살 것이다. 사고는 우리의 삶——개인적이거나 집단적인——에 반드시 영향력을 행사하게끔 되어 있다.

이 책 속에서 철학을 향해 첫발을 내딛는 방법을 전달하면서 나는 특별히 강한 책임감을 느낀다. 나름대로 최선을 다하긴 했어도, 아마도 꿈에서나 존재하는 완벽이 현실에서는 보통 부재한다는 사실을 인정하지 않을 수 없기 때문이다.

차 례

참된 개념들을 찾기

Q 대체 철학이 뭐지요?

그래, 철학이 무언지 생각해 보도록 하자. 그걸 함께 알아낼 수 있었으면 좋겠구나. 하지만 즉각적인 대답을 기대하지는 말거라. 한마디로 설명될 수는 없는 문제니 말이다.

Q 그래도 노력해 볼 수는 없나요?

그렇다 해도 별반 달라지는 건 없어. 물론 사전에는 이렇게 나와 있지. '철학' 이란 고대 그리스어로 '지혜에 대한 사랑' 을 의미한다고. 이런 정의를 읽으면서 넌 철학이란 아주 따분한 거라고 생각할 수도 있겠지. '지혜'(sagesse)는 아이들이 흔히 듣는 '얌전하게(sage) 굴어라' 라는 귀찮은 충고를 상기시키는 말이니까. 그렇다면 별로 진전이 없다고 할 수 있어. '지혜' 라는 말은 무엇을 의미하는지, 지혜란 어떤 것인지 너는 묻게 될 테니 말이야. 그러니까 '철학' 이란 단어가 의미하는 바를 알았다 하더라도, 실제로 철학이 무엇인지는 여전히 미지수일 거다.

Q 단어의 의미를 알 수만 있다면 그게 무언지 저절로 알 텐데요!

그렇지 않단다. 예컨대 '일본' 은 아시아의 한 국가 이름임을 안다 해도 일본을 안다고 할 수는 없는 것과 같은 이치지. '수학' 이라는 단어가 의미하는 바를 모르는 아이가 있다고 가정하자. 이 아이에게 수학이란 '수와 도형의 학문' 이라는 정의를 일러 주는 거야. 아이는 이제 이 단어의 의미를 알게 된 셈이지. 또 그걸 실제로 이용할 수도 있어. 그렇다고 그가 수학이 무엇인지 안다고 할 수 있을까?

Q 물론 그렇지 않아요.

거봐라……. 그러니까 단어만으로는 충분치 않은 거야. 무언가를 안다는 건 단지 어떤 단어의 의미를 안다는 게 아니고 동시에 경험을 한다는 말이야. 네가 계산을 하고 증명을 하고 산술과 기하, 대수를 하기 시작한다면 '수학'이 뭔지 아는 셈이지. 또 일본에 대해서는 책을 읽거나 전시회나 영화를 통해, 혹은 직접 그곳에 감으로써 알 수 있지!

Q 그렇다면 철학이 무언지 알려면 그 속으로 들어가야겠군요?

그래! 제대로 이해한 거야. 철학 속으로 들어가 보아야 하는 거지. 하지만 철학은 우리가 가 볼 수 있는 장소나 나라가 아니란다. 차라리 수학처럼 하나의 행위라고나 할까.

Q 알겠어요. 그러면 철학을 한다는 건 대체 무얼 한다는 말이지요?

그건 **진실**을 알기 위해 찾는다는 거야. 다시 말해 철학은 진실을 찾는 행위라는 말이지. 하지만 이건 잘못된 출발점이란다. 이런 설명만으론 충분치 않거든. 경찰의 수사관도 진실을 찾는다고 할 수 있으니까. 살인 사건을 수사하는 건 살인범이 누군지 찾아내기 위해서지. 그러려면 너도 알다시피 혐의자 한 사람 한 사람의 알리바이를 조사하고, 모든 가능성을 타진해 보고, 증거물들을 비교·대조하고 …… 그리고 검토해야 할 테지! 그 과정에서 사람들의 말을 곧이곧대로 믿어선 안 되고, 수집된 모든 증언들을 철저히 의심해 보아야 한단다.

철학자들도 마찬가지야. 진실을 찾기 위해 이들은 자신들이 확신하고 믿는 것들을 살펴보기를 주저치 않지. 심지어 자신들의 생각까지도 의심해 볼 수 있는 사람들이란다. 그렇다고 그들을 수사관이라고 하지는 않아! 실제로 진실을 규명해 내기 위해 애쓰는 온갖 부류의 사람들이 있단다. 그렇다면 진실을 찾는 사람들의 범주 속에 수사관 말고 또 누가 있을까?

Q 글쎄요……. 역사가를 들 수 있지 않을까요? 그들은 과거의 사건들에 대한 진실을 발견하려는 사람들이니까요.

그래, 그럴 수도 있겠지. 그렇다면 과학자들은 어떨까? 그들 역시 진실을 찾는 자들의 범주에 넣어야 한다고 생각하니?

Q 물론이죠. 그들은 화학이나 물리학, 생물학의 문제들에 대한 진실을 찾는 사람들이에요!

네 말이 맞아! 우리가 지금까지 든 예들을 통해 어떤 결론을 얻게 되었는지 너도 짐작이 가겠지. 경찰의 수사관이나 역사학자·과학자는 모두(물론 그밖에도 여러 사람들이 있지) 진실을 찾는 사람들이며, 서로 아주 다른 분야에서 그 일을 행하고 있다는 점이야. 철학자들은 무엇을 하는지에 대한 우리의 탐색에서 일보 전진하려면 한 가지 문제를 해결해야 하는데, 그게 뭔지 짐작할 수 있겠니?

Q 철학자들은 어떤 분야에서 진실을 찾는지 알아야 할 것 같은데요.

바로 그거야! 네 생각엔 철학자들이 어떤 분야에서 진실을 찾는 것 같니? 경찰관들처럼 범죄자들에게 관심을 갖는 걸까? 아니면 과학자들처럼 물리학이나 화학의 실재들에 관심을 가질까?

Q 그렇지 않아요! 그보다는 정의나 자유, 이런 문제들에 관심을 갖는다고 생각되는데요.

네 말이 맞다. 하지만 좀더 명확하게 하자꾸나. 철학자들은 **도덕**(무엇이 선이고 무엇이 악인지 알기, 올바른 것과 그렇지 못한 것을 구분짓기)이나 **정치**(시민과 권력, 결정 기관)의 분야에서 진실을 찾았던 게 사실이지. 그러나 그게 전부는 아니란다. 일단 철학에 발을 들여놓게 되면 그 주제의 수와 다양성 앞에서 놀라게 되지. 실제로 철학자들은 과학·예술·논리학·심리학·정치·역사, 이 모두에 관심을 갖는단다. 그렇다고 그들을 과학자나 예술가·논리학자·심리학자·정치가·역사가로 볼 수는 없지.

Q 아, 뭐가 뭔지 모르겠네요. 그렇다면 그들은 모든 분야에 관심을 가졌으면서 그 무엇에도 전문가가 아니

라는 말인가요?

여기서 잠시 짚고 넘어가야 할 게 있다. 그게 훨씬 이해가 빠르겠다 싶어서 말이야. 어쩌면 수수께끼처럼 보일지도 모르지만, 하나씩 따져 보기로 하자꾸나. 어느 한 분야에서 진실을 찾는 사람이면서 이 분야에서 일하는 전문가가 아니라면 그 사람은 무엇을 할 수 있을까?

Q 여전히 수수께끼 같은 질문이네요…….

생각해 보렴. 수학에서 진실을 찾는 사람은 보통 수학자라고 하지. 역사에서 진실을 찾는다면 역사학자일 테고, 이건 다른 분야들에도 적용되지. 그런데 철학자들이 이 모든 분야에서 진실을 찾는다면, 그러기 위해선 반드시 특별한 방법을 필요로 할 거다. 모든 분야를 관통하는 어떤 분야의 작업을 위해서 말이야. 해답은 멀리 있지 않단다. 즉 철학자들이 진리를 찾는 것은 바로 **개념들**의 영역이야. 철학자들이 어떻게 한 분야에 자리잡는가를 이해하고 싶다면 매번 '……의 개념'이라는 말을 덧붙임으로써 시작할 수 있을 거야. 철학자가 정의를 다루는 방식은 변

호사나 판사의 방식과는 다르지. 철학자가 다루는 것은 바로 정의의 '개념'이거든. 권력에 대해서도 철학자의 관심은 정치가의 관심과는 방식이 다르단다. 철학자는 권력의 '개념'을 갖고 씨름하기 때문이야.

이건 모든 영역에 있어서 마찬가지야. 예를 들면 수학의 경우에도 철학자라면 증명의 개념이나 논증의 개념, 혹은 수의 개념을 다룰 테니 말이다. 역사의 경우라면 사건 · 혁명 · 폭력 · 평화의 개념에 관심을 가질 테지. 도덕의 경우에는 선의 개념이나 악의 개념에 관심을 가질 테고, 나아가 죄나 책임이나 규율의 개념을 다룰 거야.

그렇다면 이제 너도 이해가 되지 않니? 온갖 영역을 관통하는 이 개념들의 영역에서 작업하면서 어떻게 철학자들은 전문가가 되지 않고도 수많은 전문 분야를 다룰 수 있는지 말이야.

Q 그리고 보면 철학자들은 개념의 전문가들이군요!

맞았어. 개념들의 영역에서 진실을 찾는 이런 작업은 항상 "……의 진정한 개념은 무엇이지?"라는 물음의 형태를 취하게 마련이란다. ……의 자리에는 자유 · 예술 작품 ·

권력·정의·개인·영혼·인간·존엄성을 비롯해 수없이 많은 다른 말들이 올 수 있지. 결국 철학자들이 구하는 것은 각각의 개념에 대한 최상의 정의라고 할 수 있어. 그들은 여러 정의 가운데 어떤 정의가 진짜인지를 찾는 거야.

Q 하지만 철학자들의 이런 탐구는 구체적으로 무슨 쓸모가 있나요?

삶을 위해 쓸모가 있지. 다른 무엇이 아닌, 삶을 위해서야! 개념들이란 별개로 존재하는 영역이 아니란다. 삶과 나란히 존재하는 정원 같은 것도 아니지. 이 점을 잊어서는 안 된다! 실제로 개념들이야말로 행동이나 생활 방식, 태도를 좌우하는 장본인이니까.

Q 그렇다 해도 사람들이 살아가는 데 꼭 철학이 필요하다고는 안 하시겠지요? 철학자들이 고심하는 것들에 눈곱만큼의 관심도 없이 살아가는 사람들이 얼마든지 있잖아요. 그러고도 아무 탈 없이 살 수 있으니까요!

잠깐 생각해 보기로 하자…! 네 말의 의도가 사람들은 개념들 속에서 진실을 구하지 않고도 먹고 자고 자랄 수 있다는 뜻이라면 이의을 제기할 수 없겠지. 우리가 살기 위해선 반드시 먹고 마시고 수면을 취해야겠지만, 깊이 생각하거나 하지 않아도 생명을 유지하는 데에는 아무 지장이 없거든. 하지만 문제는 그게 아니란다. 진짜 문제는 어떻게 하면 '더 잘' 살 수 있느냐는 거야. 더 인간적이고 지혜롭고 강렬하게 살기 위해서 말이야. 그러려면 반드시 개념들에 대한 작업이 필요하단다.

개념들에 '대한' 작업이라는 점을 주목하거라. 사실 개념들이라면 우리가 늘 품고 사는 거니까. 철학 이전에도 개념들은 있었지. 철학이 개념들을 만들어 낸 건 아니란다. 오히려 철학은 참된 개념과 거짓된 개념을 구분짓기 위해 그것들을 테스트하고 시험에 부치는 작업이라 할 수 있어.

Q 그런데 살기 위해 정말로 그런 작업이 필요한가요?

이야기를 하나 해줄 테니 들어보렴. 아주 오래전에 소크라테스라는 철학자가 들려준 이야기야. 먹고 싶은 걸 자기 마음대로 고르고 싶어하는 아이들이 있단다. 이 아이들이

케이크나 과자 파는 가게에 간다면, 그건 자기들한테 좋은 건 사탕이나 과자라는 개념을 갖고 있기 때문이야. 하지만 이런 단것을 먹으면 실제로 이가 상하고 살이 찌고 심지어 비만이 초래될 수도 있어. 이 아이들은 '좋은 것'에 대한 잘못된 개념을 갖고 있기 때문에 병에 걸릴 수도 있단다. 맛나고 먹기 좋은 음식을 건강에 좋은 음식과 혼동하는 거지.

하지만 병원에 가면 의사가 진실을 말해줄 거야. "너를 위해, 또 네 건강과 균형을 위해 이로운 건 우유나 과일·생선·야채 같은 다양한 음식이야. 그리고 과자나 사탕은 아주 조금 먹거나 전혀 먹지 않는 게 좋아"라고 말이야. 그렇다면 아이들은 이 의사를 어떻게 생각하겠니?

Q 의사의 말이 틀렸다고 생각하겠죠. 또 자기들한테 좋은 건 자기들이 더 잘 안다고 생각할 수도 있구요.

그래. 심지어 이 의사를 두고 심술궂다고 말할지도 모르지. 아이들은 의사가 자기들의 불행을 원한다고, 자신들의 행복을 방해한다고 하겠지. 아니면 자신들에게 무엇이 좋은지 이 의사는 전혀 이해 못한다고 말하겠지. 이 의사는

착각에 빠져 있다고, 또 진실을 모르는 아주 무지한 사람
이라고 생각할 거야.

그렇다면 아이들은 둘 중 하나를 선택할 테지. 우선 사
탕과 과자를 먹고 사는 게 최고라는 유쾌한 환상 속에 그
대로 머무르는 거야. 그리고 단것을 과다 섭취해 병에 걸
릴 수도 있겠지. 반대로 아이들은 의사의 말이 사실임을
알게 될지도 몰라. 이같은 진실이 불쾌하게 여겨질지 모르
지만 생각을 바꿈으로써 좋은 건강을 유지하게 될거야.

이 예를 통해서도 알 수 있잖니. 우리가 지닌 개념들이
우리를 병에 걸리게 할 수도, 건강한 생활로 안내할 수도
있다는 걸 말이다. 살아가는 데 그것들이 얼마나 중요한지
이제 이해할 수 있겠니?

Q 하지만 이 이야긴 어쩐지…… 생각을 전달하기 위
해 억지로 끼워맞춘 듯한 느낌이 드는데요.

이건 내가 지어낸 이야기가 아니야. 다시 한번 말하지만
의사보다 과자를 좋아하는 아이들의 이 이야기는 최초의
철학자들 가운데 한 명이었던 소크라테스가 들려준 이야기
란다. 그러니까 지금으로부터 2천5백 년 전 아테네에서 말

이다! 그런데 넌 이 이야기가 특수한 예에 불과하다고 생각하는구나. 살아가는 데 정말로 개념들이 중요한지 여전히 미심쩍어 하는 게지. 그러면 문제를 다른 각도에서 보자꾸나. 정의에 대해 우리가 갖고 있는 개념이 우리가 사는 방식에 영향을 미칠까?

Q 물론이죠!

그렇다면 자유나 죽음, 평등, 행복에 대해 우리가 지닌 개념들이 삶 속에서 어떤 역할을 담당한다고 생각하니?

Q 아, 무슨 말인지 알겠어요. 우리의 삶을 주관하는 개념들이 있긴 하지요……,

거봐라. 참된 개념과 거짓된 개념을 구분한다는 게 삶을 위해 얼마나 중요한지 너도 알겠지. 행복이나 자유에 대해 잘못된 개념을 갖고 있는 사람이 있다고 가정해 보거라. 그는 행복하고 자유롭기를 원하겠지만 길을 잃고 방황할 테며, 아무리 애써도 결국 모든 노력이 물거품이 되고 말 거다! 그는 자신의 생각이 옳다고 믿겠지. 하지만 그 생각이 틀렸다면 실패할 가능성이 높고 심지어 인생을 망칠 수도 있어.

Q 하지만 그릇된 개념을 왜 옳다고 믿는 거죠?

좋은 질문이야! 대답은 간단하단다. 실제로 잘못된 개념을 옳다고 믿을 수 있지. 이 개념을 자세히 살펴보고 검토해 보지 않는다면 말이다. 이건 우리가 늘 경험하는 일이기도 해. 사실 이보다 더 일상적이고 흔한 일이 어디 있겠니. 우리가 무언가를 두고 옳다고 믿는 건 항상 그렇게 말하는 걸 들어 왔기 때문이야. 아주 어린 시절에 난 이미 그렇게 들었고, 또 누구나 그걸 내게 반복해 들려주었기 때문일 테지. 우리 머릿속에 든 거의 모든 개념들이 그렇게 외부로부터 들어온 거란다. 이 개념들은 우리도 모르는 사이에 그렇게 우리 정신 속에 주입된 거야. 우리의 가족이나 주변 사람들, 친구들을 통해서지. 우리가 지닌 개념들을 만들어 낸 건 보통 우리 자신이 아니란다! 우리가 사용하는 말들을 우리 자신이 발명한 건 아니듯이 말이다.

흔히 이 개념들은 우리 안에 자리잡고 '우리의' 개념들이 되지만, 그렇다고 우리가 정말로 그것들을 선택했다고 볼 수는 없지. 우리가 '예'나 '아니오'라고 말하는 경우는 거의 없단다. 이 개념들이 참인지 거짓인지 알기 위해 진정으로 노력해 보지도 않았을 거야.

Q 그렇다면 우리도 모르는 사이에 머릿속에는 수없이 많은 거짓 개념들이 들어와 있겠네요?

물론이야! 그런데 그보다 더 안타까운 일은 이 잘못된 생각들을 정당한 이유를 대며 옳다고 판단하는 거지!

Q 그러면 해결책은 뭐죠? 어떻게 하면 거기서 벗어날 수 있나요?

글쎄…… 거기서 벗어날 순 없겠지만, 대신 우린 철학을 할 수 있단다! 철학이야말로 우리가 언급한 결과를 얻기 위한 유일한 방법이야. 우리가 지닌 개념들을 테스트해 보고 시험에 부쳐 분류하는 거지.

그러는 과정에서 우리가 새로운 결과물을 획득했음을 넌

알게 될 거야. 그러고 보면 철학은 **비판적인** 행위이기도 하지. 개념들의 영역에서 진실을 찾는 걸로 만족하지는 않거든. 이 목표에 도달하기 위해 철학은 그릇된 개념들을 추방코자 노력하지. 그런 개념들이 해악을 미치지 못하도록 탐지해 내는 거야.

그럼 다시 한번 정리해 보자꾸나. 우리는 누구나 이런저런 개념들을 갖고 있어. 누구나 자신의 의견과 믿음, 확신이 있게 마련이야. 정치 · 종교 · 도덕 · 정의 · 예술 등 온갖 분야에 걸쳐서 말이다. 하지만 우리 각자가 지닌 이런 총체적인 의견이나 믿음이 실제로 철학에서 나온 거라고는 볼 수 없지. 철학은 반성의 행위가 이루어질 때 비로소 시작된단다. "내 머릿속에 든 이 모든 생각들 가운데 어떤 것이 진짜일까? 난 알고 싶어. 그것들을 살펴봐야지!" 하고 결심하는 순간에 말이다. 철학을 한다는 건 단지 생각을 한다거나 개념들을 소유한다는 의미가 아니야. 그건 자신이 지닌 개념들을 관찰하기 시작한다는 거야. 그것들을 마치 외부로부터 바라보듯이 말이야. 아니면 머릿속을 청소하고 싶어한다고나 할까.

말하자면 그건 아주 특별한 행위라고 할 수 있지. 다시 한번 강조하지만, 단지 생각한다는 것만으로 철학을 하는 건 아니야. 우리는 내일 할 일에 대해, 혹은 어제 한 일에 대해 생각할 수 있겠지. 또 친구들이나 휴가에 대해, 자신의 공부나 일에 대해서 생각할 수도 있을 거야. 그러나 이런 생각들을 모두 철학이라 볼 수는 없단다!

Q 그렇다면 철학이란 특별한 생각들이겠네요……

바로 그거야! 그런데 그것들이 특별한 건 그 내용 때문이 아니라 형식 때문이라는 사실을 말해두어야겠구나.

Q 그건 무슨 뜻이지요?

말하자면 이런 거야. 그 생각들을 '특별하게' 만드는 건 다루어지는 주제들(예를 들면 자유·정의·죽음·신 등) 때문이 아니란다. 난 이 모든 주제에 대해 어떤 생각들을 갖고 있을 수 있지만, 그렇다고 이것들을 꼭 철학이라고 볼 수는 없지. 내가 철학적인 생각들의 양식, 즉 '존재 방식'이라고 부르는 건, 이 생각들이 참인지 거짓인지 알기 위해 내 스스로를 살피고 의문을 제기한다는 거야. 보다 간단히 말해 그것들이 정확히 무엇을 뜻하는지 알기 위해서지. 그렇게 해서 이 생각들은 특별해지는 거란다.

Q 예를 들어서 설명해 줄 순 없나요?

좋아. 예를 들면 넌 수(數)가 뭔지 알고 있지?

Q 그럼요. 난 정수나 소수…… 이런 것들이 있다는 걸 알아요.

그래. 하지만 수 자체란 뭘까?

Q 그건…… 수는 수죠!

맙소사! 그렇게 대답하면 할 말이 없구나……. 대체 무엇을 수라고 하는지 말해 보렴. 넌 아주 잘 아는 문제라고 생각하지 않았니.

Q 수란 숫자를 말하는 거예요.

아니야! 0에서 9까지의 숫자는 수를 적는 데 사용되지만 수와는 다른 현실이지. 네겐 열 개의 숫자가 있지만 수는 무한대일 수 있거든. 그리고 셋이라는 수를 두고도 아라비아 숫자로는 3, 로마 숫자로는 Ⅲ이라고 표기하잖니. 그러니까 수와 숫자는 같은 게 아니야. 다시 한번 묻겠다만, 수란 무엇이지?

Q 셈을 하기 위한 도구가 아닐까요?

주판이나 계산기, 아니면 손가락처럼 말이냐?

Q 아, 간단한 설명이 생각났어요! 수는 현실 속에서 볼 수 있어요. 저기에 신발 두 개가 있고 여기 촛대 세 개가 있는 것처럼…… 수가 무언지 우리는 바라보면서 아는 거예요. 그리고 난 하나, 둘…… 이렇게 말하고요.

만일 수가 없다면 넌 어떻게 셈을 할 수 있을까? 생각해 보렴……. 여기 놓인 촛대들을 보고 있기 때문에 셋이라는 수의 개념을 갖는 건 아니지. 네 머릿속에 이미 이 수가 있기 때문에 여기 놓인 촛대는 네 개나 다섯 개가 아니라 세 개라는 걸 알 수 있는 거야.

Q 그러고 보니 꽤 성가신 문제네요……. 수가 무언지 제가 설명할 수 없다는 것도 사실이구요! 그런데 왜 제게 이런 질문을 하셨나요?

철학적인 문제들의 특별한 양식을 네가 알 수 있도록 하기 위해서야. 얼핏 보아 수는 단지 수학의 영역이라고 믿기 십상이지. 그리고 사람들은 너처럼 수가 무언지 아주 잘 알고 있다고 생각하거든. 그런데 일단 그게 무언지 질문을 받으면 길을 잃고 자신이 모른다는 사실을 깨닫게 되는 거야. 명백하다고 생각했던 것이 갑자기 모호하고 혼란스러워지고, 안다고 믿었던 것이 알 수 없게 되어 버리는 거지. 정말 성가신 일이 아닐 수 없단다!

철학이 문제를 제기하는 방식은 종종 이런 종류의 성가심을 초래하지. 이번 방법으로 사람들을 놀라게 한 것으로 유명해진 최초의 인물이 바로 소크라테스란다. 그는 파르

테논 신전 발치에 있는 그리스의 도시국가 아테네의 거리들을 거닐면서 사람들과 토론을 벌이기 시작했지. 그러면서 사람들이 무언가를 안다고 믿지만 실제로는 그것을 모르고 있음을 증명하곤 했어.

한번은 소크라테스가 한 늙은 군인에게 질문을 했지. 자주 전투에 참여했었고 전쟁이 무언지 아는 장군이었단다. 이 군인은 용기가 무얼 의미하는지 안다고 생각했지. 그래서 용기에 대한 설명을 시도했는데, 그의 설명에 따르면 용기란 겁을 먹지 않는 것을 의미했어. 소크라테스가 그에게 물었단다. 그러면 몹시 겁을 내면서도 두려움을 극복하고 싸우는 사람이 있다면, 아무 두려움도 느끼지 않는 사람보다 용기가 없는 거냐고. 전자도 용기 있는 사람임을 이 장군도 인정하지 않을 수 없었어. 그렇다면 용기에 대한 그의 개념은 옳다고 볼 수 없었지. 너도 짐작이 가겠지만 그는 분개했단다. 누구보다 자신이 잘 안다고 여겼던 것을 실은 잘 모르고 있었음을 누군가 지적했으니 말이야!

이런 종류의 예들을 플라톤의 대화에서 얼마든지 볼 수 있지. 소크라테스의 말을 오랜 시일 경청했던 플라톤은 성가신 질문을 제기하는 소크라테스의 방식을 무대에 올린 거야. 어느날 소크라테스는 좀 잘난 체하는 한 교사에게 아름다움이란 무엇인가 하는 질문을 했지. 스스로 대단한 학식을 지녔다고 믿으며 어떤 질문에도 답변할 수 있다고 자만하는 교사였어. 너무 쉬운 질문이군요, 라고 말하며 이 교사는 웃음을 터뜨렸지. 대답을 잘 안다고 생각한 그에겐 소크라테스가 우스꽝스러울 만큼 쉬운 질문들로 사람들을 조롱하는 것처럼 보였지. "여기 있는 금단지를 보세요. 이것이 바로 아름다움이에요"라고 그는 한마디로 답변했어.

그러자 소크라테스는 그가 자신의 질문을 전혀 이해하지 못한 듯싶다고 설명했어. 자신은 아름다운 것의 한 예가 아니라 '아름답다'는 것이 무엇을 의미하며 또 어떻게 정의될 수 있는지 물었다고 말이야. 그러나 상대방은 아무리 생각해 보아도 소크라테스의 의도를 파악할 수 없었고 자신이 한 말이 왜 틀렸는지도 알 수 없었어. 그래서 계속 잘못된 답변만 늘어놓았지. 경마나 어린 소녀…… 이런 것들 역시 아름다움이라고 말하면서. 하지만 소크라테스가 물은 건 아름다움 자체가 무엇인가였어. 앞서 말한 것들(단지, 말, 소녀)이 공통적으로 '아름답다'고 불릴 때 그 판단의 기준이 무엇인지 말이야. 다시 말해 소크라테스가 관심을 가졌던 것은…….

Q 아름다움의 개념이었군요?

바로 그거야! 소크라테스의 의도를 마침내 파악한 이 '뭐든지 아는' 교사는 몹시 당황했지! 자신이 아름다움의 정의를 내릴 수 없음을 깨달은 거야. 다른 사람들처럼 그 역시 안다고 믿었던 것에 대해 실은 전혀 모르고 있음을 갑자기 발견한 거지. 수란 무엇인지를 두고 방금 전에 네가 그랬듯이 말이야.

Q 실제로 그런 것들이 아주 많겠지요? 안다고 믿었지만 실은 모르는 것들 말이에요.

그렇고말고! 유명한 철학자 아우구스티누스는 "시간이 무언지 누가 묻지 않으면 나는 안다. 그러나 누가 물으면 난 더 이상 알 수가 없다"라고 했지. 이 말을 잘 생각해 보렴. 수많은 개념들이 같은 상황에 처해 있단다. 시간이 그렇듯이, 간단 명료한 설명이 요구되지 않을 때 우린 그걸 안다고 믿지만, 일단 정확한 설명이 필요해지면 **당혹감**을 느끼게 되는 거지. 철학이란 이런 당혹감으로부터 벗어나기 위한 노력의 행위라고 할 수 있어.

Q 그게 가능한가요?

그래. 가능한 일이야. 그나마 대답이 가능한 질문들이 있다는 건 다행한 일 아니겠니! 또 철학에는 해결이 가능한 문제들도 있단다. 물론 늘 그런 건 아니지만 말이야. 우리를 한층 성가시게 만드는 새로운 문제들에 직면할 수도 있으니까. 그렇다고 낙담할 필요는 없다. 어쩌면 더 잘된 일인지도 모르고……

Q 우리를 성가시게 한다면 좋은 일이라고 할 수 없잖아요!

실제론 좋은 것일 수도 있어. 하지만 우선 '성가시다' 는 말의 의미부터 짚고 넘어가야겠구나. 일상 생활에서 우리는 성가시지 않은 것을 더 좋아하지. 그래서 너무 많은 자리를 차지하는 것들(짐이나 큰 가방)을 치워두지. 우리가 움직이거나 활동하는 데에 방해가 되지 않도록 말이야. 정신의 영역도 마찬가지란다. 머릿속에서 너무 많은 자리를 차지해서 우리를 불편하거나 무기력하게 만드는 걱정거리들을 우린 몰아내고 싶어하지.

하지만 이런 식으로 철학자들을 이해하려 해서는 안 된단다. 요컨대 이들은 당혹감을 초래하는 문제들을 아주 좋아하거든. 여기서 말하는 당혹감이란, 놀라움을 불러일으키고 발전을 가능케 하는 거야. 수가 무어냐는 질문을 받자 넌 우선 당황했지. 분명한 무엇처럼 보이는데도 무어라 대답해야 할지 모른다는 사실을 알게 되었거든. 용기 혹은 아름다움이 무어냐는 질문을 소크라테스에게서 받은 사람들도 마찬가지였어. 시간에 대한 질문을 받았던 아우구스티누스도 같은 동요를 느꼈을 거다.

철학은 이런 동요의 양태로부터 탄생한다고 생각해. 특별한 종류의 불편한 느낌이라고나 할까. 그런데 이것이 바로 철학의 출발점이야. 놀라움과 같은 감정이지. "아니, 수 (용기, 아름다움)가 무언지 내가 분명히 모른단 말야? 그렇다면 알아내고 말 테다!"라고 생각하게 되는 거야.

철학은 언제나 우리가 자신의 **무지**를 깨달으면서 시작된단다. 우린 대답할 수 없는 거야. 답변을 안다고, 쉽사리 대답할 수 있다고 생각했는데 말이다.

Q 더 이상 아무것도 알 수 없다는 건…… 불편한 느낌일 것 같아요.

그래. 편안한 느낌일 수 없지. 미리 만들어지고 주어진 답변들을 갖고 있는 게 훨씬 든든할 거야. 이렇게 자신의 무지를 발견할 때 우리는 매번 충격을 느끼겠지. 불편한 느낌이라는 네 말이 옳아. 움직이는 보도처럼 우린 지탱물이 없으면 균형을 잃게 되거든. 이렇게 본다면 철학은 한시도 편할 날이 없단다. 잠시도 여유 있게 휴식을 취할 수 없다는 말이야. 이 점이 바로 불쾌하다는 네 말이 옳아. 확신을 가졌을 때 훨씬 더 마음이 평화로울 수 있거든. 우리가 때로 철학자들을 좋아하지 않는 것도 그 때문이야. 이 사람들은 우리를 잠 못 이루게 하거나 깨우기도 하니까. 하지만 그들 때문에 우리는 길을 떠나는 거란다.

Q 어디로 가기 위해서죠?

상상해 보렴!

Q 진실을 찾기 위해선가요?

그렇단다! 그건 길고 험하고 고단한 여행이야. 또 무사히 마치리란 확신도 할 수 없지. 하지만 인류의 역사에 철학이 등장한 이후로 이 모험에 뛰어들기 위해 모든 것을 희생할 각오가 된 사람들이 늘 있어 왔단다.

Q 그런데 왜 그런 모험을 감행하는 거죠? 왜 그렇게 진실을 찾아 나서는 거예요?

그걸 발견하기 위해서지, 다른 이유는 없단다! 사람들 안의 무언가가 진실을 갈구하게 만드는 거야. 그런 갈구가 어디에서 오는지, 또 어떻게 작동하는지는 묻지 말기로 하자. 이런 질문을 하면 끝이 없을 거야. 하지만 진실을 찾게 하는 이 '무언가'의 중요성을 깨달아야 해. 우린 그걸 지식욕이라고도 부르지. 어쨌거나 거짓을 알고자 하는 사람은 없으니까 결국 마찬가지야. 우리가 무언가를 알고자 한다면 진짜를 알고 싶을 테니까.

Q 철학자들만 그런 건 아니에요! 우리도 그래요. 젊은 사람들이나 부모들이나…….

네 말이 맞아. 그밖에 또 누가 있을까?

Q 예를 들면 과학자들도 그럴 거예요. 앞서 말했듯이……

물론이야. 하지만 그들도 결국 마찬가지야. 철학자든 과학자든 별 차이는 없단다.

Q 어떻게 그렇죠? 그래도 그들이 같다고 볼 순 없잖아요!

오늘날엔 네 말대로 서로 아주 다르다고 여겨지게 되었지. 생물학자나 화학자나 지질학자의 작업은 철학자의 작업과는 아주 거리가 먼 것처럼 보이는 게 사실이고. 그러나 이런 분리는 비교적 최근의 현상이야. 수세기 동안 철학자들은 과학과 수학과 물리학을 했단다. 도덕이나 정치의 문제들을 동시에 탐구하면서 말이다.

오로지 앎의 욕구가, 모든 것을 알고 싶은 욕구가 있을 따름이야. 아무튼 우리가 이해하고 깨달을 수 있는 모든 것을 알고자 하는 욕구지. 그것도 모든 영역에서 말이야. 고대나 중세 혹은 고전 시대에 이르러서도 철학자들은 최상의 정부는 물론 조수(潮水)의 메커니즘에서도 진실을 찾고자 했어. 그렇다고 선이나 정의, 행복, 우정이 무엇인가에 대한 물음을 멈출 필요는 없었지. 그들은 인간의 영혼이 어떻게 형성되는지 하는 문제와 동시에 물고기들의 소화 작용은 어떻게 이루어지는지를 이해하고자 했거든.

요컨대 철학은 모든 것을 알고 모든 지식을 포괄하겠다는 꿈을 가졌던 거야. 진실은 서로 독립된 수많은 분야로 나누어지는 게 아니라는 생각이 이런 꿈의 이면에 있었던 거지. 즉 여기서는 생물학, 저기서는 정치, 다른 데서는 도덕 하는 식으로 분리되지는 않는다는 사실이야.

Q 그런데 어떻게 이 모든 탐구가 한데 모일 수 있었나요?

오늘날의 우리로선 이해하기 어려운 문제이지. 다양한 지식이 뚜렷이 구분되는 여러 영역들로 나누어지기 전의 상황이 어땠는지 상상하기는 어렵단다. 그렇긴 해도 총체적인 앎이라는 이 개념은 매우 오랫동안 지속되었지. 또 아주 강력한 것이기도 했어. 그것은 역사는 물론 철학의 시도 자체에도 뚜렷한 영향을 미쳤지. 네가 조금만 더 인내심을 갖고 들어준다면 한 가지 짚고 넘어가고 싶은 게 있는데……

Q 좋아요. 하지만 너무 길지 않았으면 해요. 좀 지치는 것 같아서요…….

한마디로 말해 소포스(sophos)라는 거야. 이 말은 그리스어로 '박식함'과 '지혜로움'을 동시에 의미한단다. 고대 그리스인들은 이 두 가지 의미를 혼동해서 썼어. 박식한 사람은 삶 속에서 어떻게 처신해야 하는지를 아는 사람이었지. 또 지혜로운 사람은 반드시 지식을 획득하고 있어야 했단다.

그런데 이런 관점에 포함될 수 없는 인물이 있지. 다름아닌 '광적으로 지식을 추구하는 자'란다. 상당한 학식을 갖추었음에도 불구하고 지고의 힘을 획득하겠다는 야망을 지닌 사람이야.

Q 아, 무슨 말인지 알겠어요. "이 단추를 누르기만 하면 난 세상의 주인이 될 거야"라고 생각하는 사람 말이지요?

맞았어. 고대 그리스인들은 이런 인물을 상상도 할 수 없었지. 어떤 사람이 박식하다면 세상의 주인이 되리란 꿈을 꿀 만큼 무모하지는 않을 테니까. 세상을 지배코자 하는 사람이라면 진정한 과학자라고 할 수 없었어. 무엇이 진실인지 안다는 건 무엇이 선인지 아는 거라고 그리스인들은 굳게 믿었지. 안다는 건 단지 지식을 습득함이 아니라 변화되고 개선되는 것을 의미했단다.

Q 그런데 그게 우리와 무슨 상관이 있나요?

상관이 있단다. '지혜로운·박식한'이라는 의미를 지닌 '소포스(sophos)'라는 형용사는 철학을 의미하는 '필로소포스(philosophos)'에서도 찾아지지. 고대 그리스어로 '필로(Philô)'는 '우정으로 사랑하기, 친구가 되기, 욕구하기'를 의미한단다. 그러니까 철학자란 '소포스'를 욕구하는 자, '소피아'(지식·지혜)의 친구를 뜻하지.

이처럼 한 단어에 내포된 이중의 의미(앎과 지혜가 '소피아'라는 한 단어 속에서 표현되므로)가 역사의 진행 과정에서 어떻게 둘로 갈라지고 분리되는지 보기로 하자. 어떤 사람들은 철학을 지혜에 대한 사랑이라 말하고, 또 다른 이들은 앎의 추구라고 생각할 테지. 하지만 이 정도에서 멈추자꾸나. 초보자치곤 이만큼으로도 상당한 수확을 거둔 셈이지. 이제 좀 쉬었다 가도록 하자!

지혜로움과 박식함

Q 앞서 소크라테스와 고대 그리스인들에 대해 이야기하셨는데요. 이들은 철학을 논할 때면 반드시 떠오르는 모범이라 생각해요. 그 이유가 뭔가요?

거기에는 여러 가지 이유가 있겠지. 우선 그리스인들은 매우 위대한 철학서들을 우리에게 남겼다는 사실을 명심하거라. 넌 이미 플라톤이나 아리스토텔레스라는 이름을 들었을 게다. 놀랄 만한 천재성을 지닌 인물들이지. 도서관 서가의 상당 부분을 차지하는 이들의 저서들은 유럽의 많은 철학자들에게 본보기가 되어 주었단다. 아랍과 유대인 철학자들이 특히 중세에 그것들을 연구하고 해석을 시도했지. 수세기가 흐르는 동안에도 사람들은 계속 이 저서들을 읽었어. 플라톤과 아리스토텔레스뿐 아니라 고대의 여러 위대한 그리스 철학자들의 텍스트들은 르네상스 시기에 색다른 방식으로 연구되었고 오늘날에도 여전히 읽히고 있단다. 물론 시대에 따라 다양한 방식으로 이해되긴 했지만 사람들은 끊임없이 그것들을 읽고 토론하기를 멈추지 않았지. 그리하여 이 철학자들은 사고에 지대한 영향력을 행사하게 된 거야.

Q 왜 그랬을까요? 그들에게 어떤 특별한 점이 있었던 걸까요? 그들은 어떤 생각들을 가졌는데요?

말하자면 그들은 게임의 규칙을 발명했다고나 할까. 철학에 문제를 제기하는 적절한 방법을 가르쳐 준 사람들이 바로 그들이란다. 우리가 벌일 수 있는 게임을 그들이 모두 내다보았다고는 할 수 없지만 그래도 규칙을 발명한 건 사실이야. 이렇게 본다면 철학을 한다는 건 그리스식 게임을 벌이는 거지. 앞서 보았듯이 참된 개념들을 찾으려는 의지나 이야기하는 방식에 유의하는 태도, 이런 것들을 실천에 옮기기 시작한 건 그리스 철학자들이야.

Q 그런데 어떻게 그들이 그런 일을 시작할 수 있었을까요?

아, 그건 아주 어려운 질문이야. 이 질문에 분명한 대답을 한 사람은 아무도 없단다. 기원전 6세기경에 그리스에 무슨 일이 일어났던 것 같아. 신앙의 위기를 맞았다고나 할까. 사람들은 더 이상 전통을 신뢰하지 않게 되었고 전설에 대한 믿음도 시들해졌지. 그들은 이성적으로 추론하기 시작했고, 세계의 구조를 발견하기 위해 머리를 쓰게 된 거야. 혹은 어떤 규칙에 의거해 삶을 영위해야 할지, 또 어떤 법칙에 근거해 정의를 구축할 수 있을까를 생각했단다. 그러니까 현자(賢者)들이 말하는 것을 의문에 부치게 된 거지.

Q 철학자는 현자가 아닌가요?

철학자를 꼭 현자라고 볼 순 없지. 철학자들을 모두 현자라고 할 수는 없단 말이다. '철학자'라는 말을 발명한 사람은 피타고라스인데, 그건 바로 이런 차이를 설명하기 위해서였어. **현자는……** 말 그대로 현자지! 즉 지혜를 소유한 자들이란다. 하지만 철학자들은 찾는 자들이야. 그들은 지혜를 소유한 게 아니라 찾으려고 노력하는 자들이지. 지혜를 갈구하기 때문에 그것을 식별하기 위해 최선을 다하는 사람들이야. 반성과 추론을 통해 그들이 구축코자 하는 것은 좋은 목표, 좋은 방법이야. 그들에게 지혜는 더 이상 숨겨진 보물이 아니라 구축하고 증명해야 하는 무엇이지. 또 신화와 신앙의 문제가 아니라 논리적이고 이성적인 작업이 되었지.

Q 그렇다면 그리스인들만이 이런 변화를 꾀할 수 있었나요?

이것 역시 몹시 어려운 질문이구나. 다양한 논의를 끌어낼 수 있는 질문이야. 예전에 사람들은 그리스인들만이 철학을 실천했다고 확신했었지. 말의 발명자였던 그리스인들은 또한 사물의 발명자로 간주되었어. 그러니까 그리스인들은 독보적인 존재였지. 그들은 너무도 이례적인 인간들이어서 '그리스의 기적'이라는 말까지 나왔단다!
이런 믿음이 아주 강했고, 아직도 그렇게 믿는 사람들이 있지. 하지만 내가 이른 결론에 따르면 그건 사실이 아니야. 난 다른 문화권에도 철학과 철학자들이 있었다고 생각해. 인도와 중국, 또 유대 문화와 아랍 문화에도 말이다. 그리스인들은 감탄할 만한 사람들임에 틀림없지만 독보적인 존재는 아니지.

이 점에 대해선 인류 역사의 한 놀라운 시기를 생각해 보는 걸로 충분하단다. 즉 기원전 6세기야. 방금 전에 말한 그리스에는 피타고라스, 탈레스 같은 이들이 있었어. 이들과 함께 철학과 **과학**, 그리고 이성의 요구와 논리적인 증명이 탄생했지.

같은 시기 인도에서는 다른 문화와 전혀 접촉을 갖지 않은 상태에서 특출한 반성의 움직임이 생겨났어. 인간의 위치와 사물의 본성, 운명, 평정에 도달하기 위한 방법 등에 대해서 말이야. 그리고 좀더 나중에는 붓다의 사상과 함께 여러 면에서 철학과 매우 흡사한 반성의 양식이 등장하게 된단다.

이런 변화의 움직임과 상관없이 중국에서도 새로운 형태의 사고가 피어나기 시작했지. 마찬가지로 기원전 6세기의 일이야. 《도덕경》을 저술한 노자라는 사상가와 더불어 지적인 분석과 지혜의 탐구를 결합시킨 학파가 형성되기 시작했단다. 이상한 점은 오늘날에도 우리가 이 책을 읽는다는 거야. 아직도 우리가 붓다의 가르침을 읽고, 또 첫 그리스 철학자들을 연구하듯이 말이다.

Q 아주 오래된 이 사상들이 오늘날에도 공감을 얻는 건 어찌 된 일이지요?

　그건 이 사상들이 현대의 직접적인 관심사들과 아무 관계가 없기 때문일 거다. 그들의 반성은 삶에 대한 우리의 태도에 관한 것이니까. 말하자면 욕망과 죽음, 우리 자신과 타자들에 대한 우리의 관계에 관심을 가졌던 거야.

　이처럼 몹시 중요한 문제들에도 우리가 자리잡은 사회의 양태가 끼여들게 마련이지. 그러나 대단한 영향력을 미치는 건 아니야. 그리고 보면 아주 오래전에 살았던 이 사상가들과 그들과는 전혀 다른 세계에 살고 있는 우리 사이에 차이점보다는 공통점이 더 많단다. 고대 그리스 사회는 우리 사회와 조금도 닮은 점이 없지. 그럼에도 불구하고 우리는 그리스 철학자들을 매우 가깝게 느끼고 그들의 사고에 늘 공감하지 않니. 시간적으로 큰 거리가 있는데도 말이야.

　고대의 인도나 전통 중국, 성서의 예루살렘, 아랍 사상의 대중심지들에 대해서도 같은 말을 할 수 있어. 그들의 텍스트들을 감싸고 있는 것들은 실질적으로 모두 사라졌지. 집과 사람, 그들이 입고 먹고 이동하는 방식, 일상 생활의 물건 등, 모두가 자취를 감춘 거야. 이런 관점에서 볼 때 우리는 완전히 다른 세계에 산다고 할 수 있어. 그렇긴 해도 이 고대의 사상들은 여전히 우리에게 말을 걸어 오고, 우리 또한 변함없이 그것들을 이해하고 토론할 수 있지 않니.

Q 하지만 그 사상의 창시자들이 우리 곁에 있어 질문에 대답해 줄 수 있는 건 아니죠…….

그건 그래. 그렇지만 수세기가 흐르는 동안 우린 잠시도 그들과의 토론을 멈추지 않았단다. 철학자들은 시대를 넘어 서로에게 화답하지. 그들은 자신들의 책을 통해 시간을 초월해서 대화를 나누는 거야. 매우 특별한 상황이라고 할 수 있지. 과학의 영역에서는 과거의 개념들에 대해 더 이상 아무도 관심을 갖지 않지만 말이다. 물리학이나 생물학 같은 분야에서는 지식의 발전이 과거의 개념들을 새로운 개념들로 대체하거든. 역사학자들은 과거의 지식들을 연구하여 재구축할 수 있지만, 과학자들은 수세기 전의 이론들에 관심이 없단다. 현재의 과학에 비하면 그것들은 한물간 것들이기 때문이야.

반대로 철학에서는 그다지 큰 발전이 없지. 과학에서와 같은 발전은 기대하기 어렵다는 말이야. 물론 관점이 변하고 새로운 견해들이 등장하지만, 그렇다고 반드시 과거의 생각들이 추방되는 건 아니야. 과거와 맺는 관계가 과학의 경우와는 아주 다르단다. 오히려 문학이나 예술의 경우와 비슷하다고 할 수 있어(우리는 지금도 호메로스를 읽고 《오디세이아》에 나오는 율리시스의 모험에 동참하니까. 또 아직도 수세기 된 프레스코 벽화나 오래된 조각품을 감상하잖니). 그래도 한 가지 다른 점이 있지. 철학에서는 개념들을 두고 감탄하는 걸로 만족할 수 없단다. 우리는 그것들을 다시 취해 토론하고 반박하거나 수정하기도 하거든.

Q 그렇긴 해도 고대 이래로 여러 사건들이 있었잖아요! 제게 말씀하신 건 단지 기원전 몇 세기에 시작되었던 것에 불과하구요.

기원전 5세기란다. 그래, 매시대마다 수많은 철학자들이 있었고 오늘날에도 마찬가지지. 하지만 고대는 매우 중요한 시기야. 다시 한번 말하지만 우리는 끊임없이 그 시대를 돌아보게 되니까. 자, 하지만 이제 거기서 벗어나도록 하자. 이제부터 긴 철학사의 주요 단계들을 짚어 보는 거야. 물론 그 모두를 이야기하겠다는 건 아니다. 상상이 가니? 25세기에 걸쳐 얼마나 많은 철학자들이 있었으며, 또 얼마나 많은 책들이 있었을지……. 그 이야길 다 한다는 건 생각만 해도 아찔한 일이지. 그러니까 첫 접근을 위해 아주 단순한 분류를 시도해 보자꾸나. 서양의 철학사를 두 부분으로 나누는 거야. 첫번째 단계에서 사람들은 지혜로운 자가 되고자 했는데, 이것이 바로 고대란다. 그리고 두번째 단계에서는 박식한 자가 되고 싶어했는데, 이건 현대야.

Q 지혜롭다는 건 무얼 의미하지요?

간단히 말하면 이렇다. 지혜로운 자란 삶을 이끌어 갈 참된 개념들을 발견해서 자신의 존재와 일체가 되도록 하는 데 성공한 사람을 말해.

여기서 우선 주목해야 할 사항이 있단다. 즉 **지혜**를 추구한다는 건 자기 자신이 변한다는 거야. 이건 고대의 철학자들을 이해하기 위해 아주 중요한 점이지. 그들은 자신이 변화될 수 있기를 원했어. 그래서 수많은 훈련들을 생각해 냈고 스스로를 단련시켰지. 이런 관점에서 본다면 철학자가 된다는 건 교사가 되는 것과는 달랐어. 수업을 하거나 책을 쓰는 일이 아니었단다. 그보다는 생활을 바꾸고 다른 존재 방식을 받아들이는 거였어.

Q 그렇다면 이런 철학자들은 책을 쓰지 않았나요?

그들 모두가 책을 쓴 건 아니란다. 또 책을 썼다 할지라도, 그건 지혜에 한 걸음 더 다가서는 방법을 알기 위한 수단이었어. 혹은 지혜로운 자가 되기 위한 훈련의 방편이었지.

Q 그런데 그들은 왜 지혜로워지려고 했을까요?

행복해지기 위해서였지. 그게 전부야! 그것도 완전무결하게 말이지. 지혜로운 자는 그렇게 변화됨으로써 불행과 고통, 걱정, 실망, 질투, 기대, 그리고 온갖 미련으로부터 벗어나는 거야. 그리하여 언제나 차분하고 평화로운 상태에 머무를 수 있지. 심지어 아무 때건 두려움 없이 삶을 떠날 수 있단다. 마치 식탁을 떠나듯이……

Q 하지만 그런 사람은 없을 텐데요!

과거의 철학자들 역시 아무도 그럴 수 없다는 걸 알고 있었어. 어떤 인간도 지혜로운 자가 될 수 없었다는 사실을 고백하기도 했지. 그러므로 '지혜로운 자'는 하나의 이상이었어. 마치 지평선과 같아서, 어쩌면 거기에 절대로 도달하지 못할 수도 있었지. 그래도 좀더 다가가기 위해 노력은 할 수 있었단다. 그들은 이런 방향으로 나아갔던 거야.

Q 어떤 식으로요?

그들이 주장한 삶의 방식이나 특히 개념들은 학파마다 달랐어. 어떤 사람들에겐 지적인 삶의 습득과 이해의 노력이 행복에 접근하기 위한 방편이었지. 예를 들면 플라톤은 우리의 영혼이야말로 참된 개념들과 유사하다고 보았어. 우리 정신의 지적인 부분은 진실을 명상하기 위한 것이라고 생각했단다. 이것이야말로 인간의 지고한 행복이며 인간이 영위할 수 있는 최상의 삶이었지. 플라톤의 제자였다가 나중에 등을 돌린 아리스토텔레스에게서도 여러 면에서 비슷한 개념이 발견된단다. 즉 인간이란 앎을 위한 존재라는 거야. 인간은 알고 싶어하며, 앎이야말로 그에게 가장 큰 행복을 선사할 수 있다는 거지.

Q 하지만 삶의 방식치곤 그리 유쾌한 것 같지 않은데요!

그렇게 생각하는 것도 이해가 간다……. 어쨌거나 플라톤이나 아리스토텔레스, 혹은 그밖의 다른 사람들이 무어라 대답했는지 아는 게 그렇게 중요하진 않아. 설령 답변이 다르더라도 그들 모두가 어떤 문제에 관심을 가졌는지가 중요한 거야. 어떻게 하면 인간이 최상의 삶을 살 수 있을까 하는 문제였단다. 그가 본성에 가장 잘 부합하는 지점에 도달하고, 자신의 조건에 알맞는 가능성들을 완벽히 실현하기 위해서 말이지.

너도 알겠지만 이건 행복에 대한 질문과 같은 거야. 실제로 자신이 할 수 있는 최상의 것을 해냄과 동시에 탁월하고도 성공적인 삶을 살 수 있다면 그거야말로 행복한 삶이 아니겠니.

Q 그렇다면 그밖의 다른 답변들은 어땠나요?

쾌락을 예로 들 수 있겠구나.

Q 아, 그게 훨씬 나은데요!

그래, 예를 들면 학문의 쾌락, 지식과 발견과 이해의 쾌락……이 있을 텐데, **쾌락**의 철학자들도 이런 것들을 무시하지는 않았어. 하지만 그들은 행복을 주는 쾌락의 주요한 원천이 육체와 성생활, 음식이라고 생각했지. 에피쿠로스는 사람이 행복에 도달하려면 쓸데없는 동요와 불안을 불러일으키는 것들로부터 벗어나야 한다고 보았어. 바로 철학을 통해서지. 이같은 철학은 삶의 고통을 돌보기 위한 의학적인 처방이나 일련의 치료법과도 같은 거였지. 고대의 철학 학파들은 대부분 지혜를 향한 여행의 과정에서 일종의 철학적 '치료약'을 처방해 주었단다.

에피쿠로스 학파의 경우 치료법은 네 가지 요소를 포함하지. 첫째는 신들을 두려워하지 말 것. 둘째는 죽음을 겁내지 말 것. 셋째는 욕구를 통제할 것, 즉 무용하거나 접근 불가능한 것을 일체 바라지 않는 거야. 그리고 넷째는 고통을 참을 것. 우리가 일상 생활에 이 네 가지 사항을 통합한다면 평화로운 삶을 영위할 수 있다는 게 그의 주장이야. 동요와 불행으로부터 벗어난 삶이지. 평온과 느긋함이야말로 우리를 행복하게 만든다는 생각을 받아들여야만 행복한 존재가 된다는 거란다.

Q 정말 그렇지 않을까요?

그렇지만 다른 관점들도 있단다. 예를 들면 에피쿠로스 학파 철학자들이 주장한 이 조용하고 한가로운 쾌락을 반박한 철학자들이 있었지. 이 사람들은 '동요하는' 쾌락의 우월성을 지지했어.

Q 그건 무얼 의미하죠? 육체의 쾌락을 말하나요?

쾌락에 관한 한 두 가지 개념이 맞선단다. 우선 조용한 쾌락이 있는데, 그건 전혀 고통을 느끼지 않는 것을 의미해. 배고픔도 갈증도 수면도 피로도 느끼지 않는 상태지. 고뇌가 없는 충족의 상태, 그저 존재하는 기쁨을 맛보는 거야. 그런가 하며 동요하는 쾌락도 있는데, 그건 생생하고 유쾌한 감정들을 경험하는 거란다. 먹고 마시고 사랑하고 춤추고 잠을 자면서……. 그러나 이런 쾌감을 경험하려면 또한 배고픔과 갈증을 느껴야 하고 욕구의 긴장이 있어야 하지. 만일 네가 쾌락을 삶의 조종석에 앉히겠다면 우선 알아야 할 것이 있다. 즉 고통이 부재하는 조용한 쾌락인지, 아니면 긴장과 향락으로 이루어진 쾌락인지 말이야. 충분히 논의의 대상이 될 수 있는 문제지.

고대의 또 어떤 철학자들은 의지와 평온한 영혼을 최우선으로 삼았단다. 영혼을 거슬러서는 아무것도 할 수 없다는 것이 그들의 주장이었어. 영혼은 성채와도 같아서, 설령 우리의 육체가 갇히거나 병이 날지라도 이 성채 안에서 우리는 자유롭다는 거야. 이것이 바로 **스토아 학파** 철학자들의 믿음이었지. 심지어 불행과 억압을 당하거나 육체의 고통을 겪는 순간에도 우리는 행복할 수 있다고 이 철학자들은 생각했단다. 세상에서 우리가 마음대로 할 수 있고 우리 손에 달린 단 한 가지는 바로 우리의 '의지'이기 때문이지.

그러면 고대의 철학 학파 가운데 냉소주의와 회의주의에 대해 한마디 해야겠구나. **냉소주의** 철학자들은 행복에 이르는 지름길은 본성에 따라 사는 거라고 생각했어. 그래서 그들은 마치 개처럼 살려고 했단다(실제로 냉소주의자들을 의미하는 cyniques는 '개'를 의미하는 kunos라는 그리스어에서 유래했단다). 이 철학자들은 안락한 생활과 예절은 물론 일체의 사회적 규율을 거부했지. 그래서 길거리에 누워 지내며 먹을 것을 동냥했단다.

Q 가혹해 보이긴 해도 자유로운 삶인 듯싶네요!

한편 **회의주의자들**의 확신에 따르면 사람들은 전혀 진실에 도달한 게 아니었어. 따라서 그들은 판단을 보류하라고 충고했지. 즉 '예'도 '아니오'도 말하지 않도록 말이야. 무엇이 선하거나 악하다고, 혹은 참이거나 거짓이라고 자신 있게 말할 수 없다는 거야. 그들이 보기에는 이런 총체적인 의심이야말로 지혜와 행복에 이르는 길이었어.

그밖에도 다른 예들을 얼마든지 제시할 수 있을 거야. 이처럼 지혜를 찾았던 사람들과 그들의 생활 방식을 설명하기 위한 책들을 쓰고 또 쓸 수 있겠지. 하지만 그게 우리의 목적은 아니잖니! 난 단지 네가 이런 학파들의 풍요로움과 다양성을 깨달았으면 한다. 그것들은 수세기에 걸쳐 그리스와 로마, 그리고 지중해를 둘러싸고 번성했단다. 그런데 갑자기 모든 것이 변하고 말았지.

Q 그 이유가 뭔데요?

기독교 때문이었어. 서력 기원 첫 3세기 동안 로마 제국 전역에 기독교가 점점 더 확산되어 갔지. 그리고 너도 알겠지만 313년 콘스탄티누스 대제의 칙령으로 기독교는 로마 제국의 공식적인 종교가 되었단다.

이 시기 동안 사고 방식에 엄청난 변화가 일어났지. 이같은 전복의 결과들 가운데 우리의 관심을 끄는 것이 한 가지 있어. 그건 지혜로운 자에 대한 이상이 곧 종적을 감추게 된다는 거야. 철학적인 삶을 영위하기 위한 모든 작업도 마찬가지란다.

Q 왜 그런 일이 일어났을까요? 과거의 상태가 지속될 수도 있었을 텐데……,

아, 그게 하루 이틀에 일어난 일은 아니란다. 또 지혜로운 자에 대한 이상도 완전히 사라진 건 아니었어. 하지만 기독교는 과거와는 전혀 다른 정신 세계를 열어 보였지. 이제 이상적인 인물은 지혜로운 자가 아니라 **성인**이었어. 성인은 인간적인 차원만으로는 규정될 수 없는 존재였단다. 그는 신에게 순종했고, 신의 의지와 말씀에 온전히 자신을 내맡기는 인물이었지. 철학자들의 행보와는 전혀 관계가 없었지. 무엇보다 성인들은 지상에서의 행복에 관심을 두지 않았어. 그는 모든 것을 희생할 수 있었고, 또 순교자가 될 수 있었지. 그가 원하는 건 행복이 아니라 구원이었거든. 그는 신의 왕국에서 최종적으로 '구원받기'를 원한 거야.

어찌 보면 이 구원이야말로 행복의 지고한 형태였음이 분명해. 그건 신을 명상함으로써 얻어지는 절대적이고도 영원한 행복이거든. 하지만 저세상과 천국에서 누릴 수 있는 이 행복은 철학자들이 학문과 반성을 통해, 혹은 쾌락이나 본성에 따른 삶에서 찾았던 것과는 완전히 다른 것이었지. 기독교와 더불어 우리는 인간적인 차원에서 신적인 차원으로 넘어가게 된 거야. 지혜의 탐구자였던 철학자들은 뒷전으로 밀려나 무대 뒤로 사라지고 말았단다.

Q 그후에 철학자들은 어떻게 되었나요?

존경받는 저술가나 위대한 선조들이 되었지. 중세에 와서도 그들은 계속 연구의 대상이 되었어. 하지만 그들의 사상은 종종 그 의미가 수정되곤 했지. 그들이 한 말은 다른 방식으로 해석되었단다. 철학은 사라진 게 아니라 사양길을 맞았다고 할 수 있지. 무엇보다 변화되기 시작한 거야. 이제 종교가 지휘봉을 잡았음을 이해시키기 위해 소위 말하는 '종교의 시녀'가 되었다고나 할까. 중세에 철학은 독립적일 수 없었단다. 철학은 더 이상 자체의 목표를 설정할 수 없었기 때문이지. 사람들의 사고와 행위를 지배했던 것은 종교야. 그리고 철학은 신을 증명하기 위한 법칙과 도구, 때로는 자료와 개념, 관념을 종교에 제공하게 된단다.

Q 그러니까 철학은 자유롭지 못했던 거로군요. 그런 상태가 얼마나 지속되나요?

수세기 동안 그런 상태가 이어지지……. 그리고 마침내 종교적인 믿음으로부터 사고가 독립을 다시 획득하기 시작한단다. 하지만 그렇게 되자(대략 르네상스 시기부터) 철학은 고대의 철학과는 다른 모습을 띠게 되었지. '지혜로운 자'라는 이상형은 실질적으로 사라지고 이제 '박식한 자' 가 지배적인 이상형으로 떠올랐단다. 철학자는 앎을 추구했어. 그의 관심을 끌었던 건 더 이상 행복이 아니라 오직 진실이었어. 또 그가 꿈꾸는 건 지혜가 아니라 과학이었지. 문제는 이제 삶을 변화시키는 게 아니라 개념들의 체계를 구축하는 거였어. 철학은 거의 전적으로 이론 쪽으로 기울었지. 그리고 오로지 **이성**과 논리, 증명을 문제삼게 되었단다. 이미 과거의 철학이 그랬었지만 이제는 이런 경향이 철학의 핵심으로 떠오르거나 철학을 온통 잠식하고 말았지.

물론 세부 사항으로 들어가면 좀더 복잡해져서 특별한 경우가 수없이 많단다. 그러니까 방금 전의 내 설명에서 넌 언젠가 이론의 여지를 발견할 수도 있겠지. 그렇긴 해도 전체적으로 본다면 틀린 설명은 아니란다. 현대 철학을 지배한 것은(최근 4세기 동안의 유럽을 생각해 보렴) 참된 개념들의 **체계**를 구축하려는 시도였어.

Q 그게 대체 무엇을 의미하죠?

뭐든 설명할 수 있는 총명한 기계를 상상해 보거라. 예를 들면 세계는 왜 존재하는지, 우리는 감정을 어떻게 다스려야 하는지, 사회는 어떻게 형성되는지, 우리의 몸은 어떤 식으로 작동하는지, 또 자유와 정의와 도덕은 무엇으로 이루어지는지 등의 문제들에 대해서 말이다. 질문이 뭐든 일관성 있고 논리적인 답변이 이루어져야 했단다. 물론 이 답변은 같은 체계 속의 다른 답변들과도 양립할 수 있어야 했지.

말하자면 물리적·심리적·도덕적·정치적 양상을 포함한 모든 관점에서 세상에 대한 총체적인 이해를 시도하자는 것. 이것이 바로 철학적 체계라는 거야.

Q 무모한 시도네요! 그렇다면 철학자는 무한한 지식을 소유해서 신과 같은 존재가 되지 않을까요?

어떤 의미에선 그렇다고 할 수 있지. 동시에 그건 이성이 꿈꾸는 최대의 야심이야. 세상을 총체적으로 이해하게 된다는 것 말이다. 그건 물론 세부적인 자잘한 지식들의 대목록을 작성해 합산하자는 게 아니야. 그보다는 어떤 원칙들에 의거해 총체적인 세계가 구성되는지를 아는 것이 목표란다.

Q 하지만 그건 불가능할 텐데요. 절대로 그 목표에 이를 수 없을 거예요……

그렇지만 몇몇 광범위한 철학 체계들은 그 일을 시도했지. 처음엔 여남은 개 체계에서 시작되었단다. 그것들은 세상에서 일어나는 총체적인 일들을 설명할 수 있다고 확신했지.

Q 예를 들면 어떻게 말인가요?

컴퓨터를 생각해 보거라. 예컨대 넌 역사적 사건이 발생한 수많은 날짜를 메모리에 저장시킬 수 있어. 그런 다음 '1789년 7월 14일'이라고 쳐 넣으면 '바스티유 감옥 점령'이라는 정보를 얻게 되지. 하지만 그걸 체계라고 볼 수는 없단다. 단지 나란히 수집되어 있는 정보들에 불과하지.

그런데 네 컴퓨터가 계산 프로그램을 내장하고 있다면 상황은 전혀 달라지고 말아. 네가 '4132×326=?'라고 물으면 기계는 이미 저장된 결과를 메모리에서 찾게 되지. 컴퓨터는 계산을 '수행'하는 거란다.

철학 체계는 이러한 계산 기능과 흡사하지. 원칙과 법칙에서 출발해 답변을 산출해 낼 수 있으니까. 계산기가 산술의 법칙에서 출발해 곱셈의 결과물을 내놓는 것과 같은 이치란다. 이제 좀더 분명히 이해할 수 있겠니?

Q 네……. 무슨 말인지 알 것 같아요. 하지만 그건 실현 가능한 일처럼 보이지 않는 걸요.

어째서 그렇지?

Q 세계를 온전히 체계 속에 들여놓는다는 게 어쩐지 …….

그래, 야심만만한 망상처럼 보이는 게 사실이지. 사고를 통해 세계를 완전히 알 수 있다고 가정한다면 말이다.

Q 그런 체계들이 정말로 존재하나요?

존재한단다. 그것도 여러 개가 말이야. 그것들이 목적을

달성했다고는 할 수 없지만, 어쨌든 시도는 했지. 그리하여 걸출한 사고의 메커니즘들이 우리에게 전해지게 되었단다. 데카르트나 스피노자, 라이프니츠의 철학을 예로 들수 있을 거야. 이들이 구축한 우주에 대해 자세히 언급하지는 않겠다. 각각의 체계는 그야말로 독자적으로 존재하는 세계라 할 만하니까.

하지만 한 가지 분명히 해두고 싶은 게 있단다. 이들 철학은 고대의 학파들과는 판이하게 다르다는 사실이야. 이제 세상에 대한 이해야말로 철학의 주요 목표가 되었지. 자신의 삶을 변화시켜 지혜로운 자가 되는 게 목표가 될수는 없었어. 철학의 궁극적인 목표는 논리적이고 이성적인 방법으로 사고에 의해 현실을 포착하는 것이었어.

이처럼 대체계를 세웠던 철학자들의 마지막 주자는 19세기 독일의 철학자 헤겔이야. 그는 "현실적인 것은 모두 이성적이며, 이성적인 것은 모두 현실적이다"라는 명제를 내놓았단다.

Q 그건 무슨 의미죠?

이 세상에서 존재 양식을 지닌 모든 것은 우리 정신에 의해 이해될 수 있다는 거야. 또 우리 정신에 의해 이해될 수 있는 것은 모두 이 세상에서 존재 양식을 지녔다는 거지. 대충 그런 내용이란다. 요컨대 세계와 정신은 완벽히 상응한다는 말이야. 극단적인 경우에는 둘이 일치할 수도 있지. 헤겔은 이것을 '절대 정신'이라고 불렀어.

Q 아, 여기서 잠깐 쉬어 갔으면 좋겠어요!

그렇게 하자꾸나……

말의 길을 따라가기

지난 번에 언급했던 내용을 간단히 요약해 보도록 하자. 철학은 진리에 대한 탐구 및 여러 개념들과 관련된 행위라는 사실을 너도 기억할 거다. 이런 개념들이 우리의 삶을 변화시킬 수 있음을 우리는 이해하게 되었지. 그리고 철학적 반성의 경우 모든 것은 놀라움에서 비롯되며 이 놀라움이 일종의 불안정한 상태를 초래한다는 사실을 깨달은 바 있어. 이같은 충격이 참된 것에 대한 탐구를 촉발하는 거야. 이 앎의 길은 정신적인 가치들은 물론 물질적·물리적 세계를 포함하는 것이었단다. 과학과 지혜가 분리되기 전에는 말이다. 여기까진 너도 이해했으리라 믿는다.

Q 맞아요. 그런 내용을 두고 이야기했어요.

철학은 우리가 참된 개념들을 지녔는지를 알고자 한다는 사실을 덧붙여야겠구나(허황된 개념들이나 환상이 아니라 말이다). 또 이 개념들이 참인지 알고자 하지.

Q '참된 개념'이라는 말과 '개념이 참'이라는 말은 뭐가 다르죠? 그 차이가 뭔지 모르겠어요.

참된 개념이란 건 설명이 가능한 개념을 의미한단다. 반성과 검토를 거친 후에도 튼튼히 버티고 건재할 수 있는 개념을 말해.

Q 하지만 이처럼 어떤 개념이 튼튼히 버틸 수 있다면 참이라고 할 수 있지 않나요!

아주 좋은 질문이다. 문제의 핵심을 짚었어. 실제로 많은 철학자들이 이 둘을 구별하지 않고 썼단다. 참된 개념은 참이라고 본 거야. 어떤 개념이 제대로 구축된 것이라면 현실에 부응한다는 생각이지. 그러니 네 말이 맞았어! 하지만 이 점에 대해선 여전히 이해해야 할 부분이 많단다.

우리는 아직 '제대로 구축된' 개념이라는 말이 무엇을 의미하는지 생각해 보지 않았거든. 어떤 방법으로 개념들을 '시험해' 볼 수 있는지, 또 그 개념들이 참인지 거짓인지 알기 위해 어떻게 검토하는지, 우리는 아직 모르잖니. 그러니까 그걸 알기 위해서 우리가 어떤 수단을 이용해 개념들을 발견하거나 전달하는지 살펴보자꾸나. 네 생각은 어떠니?

Q 글쎄요……. 책이나 신문, 혹은 대화라는 수단이 있을 것 같아요. 또 전화나 컴퓨터도 있구요.

그래, 그렇다면 이것들이 지닌 공통점은 무엇이지? 잘 생각해 보거라. 그건 아주 가까이 있는 거야.

Q '말'이 아닐까요?

제대로 맞췄다! 바로 그거야. 말, 언제나 말이란다. 우린 말과 이 말의 결합을 통해 개념에 접근하는 거야. 이 말들이 표현되는 방식에 철학자들이 늘 주의를 집중하는 것도 그 때문이지. **언어 활동**의 역할이 핵심이야. 내가 지금 설명코자 하는 것도 바로 그거지. 과거의 철학자들은 이미 그 사실을 알고 있었어. 오늘날에도 이 문제는 철학의 요체를 이룬단다.

다시 좀 뒤로 물러나 생각해 보자. 철학은 신체적인 행동이나 몸짓이 아니라 말과 문장, 책으로 이루어지는 거야. 그러니까 조직적으로 배치된 일련의 단어들 및 담화와 관련된 행위라 할 수 있어.

물론 말이나 담화와 연관된 다른 학문도 존재하지. 예를 들면 문학과 시가 그렇고, 역사와 지리도 마찬가지야. 그러니까 우선 분명히 해두어야 하는 문제는, 언어와 관련된 이 행위들 가운데 철학을 구분짓는 것이 무엇인지 하는 거야. 그 양식과 고유한 방법, 존재 방식이 어떤지 알아야 한단다.

그렇다면 길을 떠나기 전에 고대의 우화 작가였던 이솝이 한 말을 생각해 보자꾸나. "언어는 최상이 될 수도 최악이 될 수도 있는 무엇이다"라고 그는 고백했지.

Q 왜 그런 말을 했을까요?

글쎄다. 넌 어떻게 생각하니?

Q 언어는 선을 행할 수도 악을 행할 수도 있다는 말 같은데요!

그래, 계속해 보렴……. 이 양면성의 개념 속으로 깊이 들어가 보자꾸나. 선과 악, 또 뭐가 있을까?

Q 참과 거짓이 있을까요?

맞았어. 말은 우리의 안내자가 될 수도, 우리를 헤매게 만들 수도 있어. 우리에게 지식을 전달할 수도, 우리를 속일 수도 있지. 또 거짓말을 할 수도 진실을 열어 보일 수도 있단다. 언어란 이처럼 양날을 지닌 도구와도 같아.

말을 수단으로 참된 개념을 찾는 철학은 묘한 상황에 놓이게 되지. 어떤 상황인지 짐작하겠니?

Q 철학은 말을 사용하지만 동시에 말을 불신하게 되

는 상황 아닐까요?

바로 그 점이란다. 철학은 말과 맞서 싸우는가 하면……
말과 함께 싸우지. 그러니까 참된 개념을 찾기 위한 작업
의 유일한 수단이 되어 주는 한편 수없이 많은 거짓 개념들
의 원천이기도 하지.

Q 어떤 거짓 개념들이 말로부터 초래되나요?

철학자들이 간파해서 피하고자 하는 온갖 종류의 환상
과 문제들이야. 몇 가지 예를 들어 보자꾸나. 네겐 좀 이상
해 보일지 모르겠다만 참을성 있게 들어주었으면 좋겠다.

철학자들은 시인이나 소설가와는 다른 방식으로 말에
관심을 갖는다고 내가 이미 언급한 바 있지. 그들은 아름
답거나 감동적이거나 과거의 사실을 환기시키는 문장을 만
들려고 애쓰지 않아. 그보다는 개념을 정확하게 표현하는
문장을 원하지. 그러려면 이 문장들이 언어의 질서와 그
구조에 일치하는 게 첫번째 조건이야. 소위 말하는 **구문**이
라는 거지. 이런 첫번째 조건이 없다면 우린 아무 말도 할
수 없을 거야. 예를 들면 내가 "녹색 하고 혹은 때문에"라

고 네게 말했다 치자.

Q 뭐라고요?

"녹색 하고 혹은 때문에."

Q 그건 말이 안 되잖아요!

그래, 네 말대로 그건 말이 안 되지. 이 문장은 네가 아는 네 단어로 이루어졌지만 여기서 조합된 방식으로는 의미가 통하지 않으니까. 그러니까 어떤 개념이 검토의 대상이 되려면 정확하게 구성된 문장이어야 한다는 것, 이것이 첫번째 조건이야.

하지만 그게 전부는 아니란다. 요컨대 내가 "원은 네모나다"라고 말한다면, 제대로 구성되긴 했어도 이상하고 당치않은 문장이 되어 버리지. 어떤 개념도 들어 있지 않은 문장이야. 네모난 원을 상상해 보려고 아무리 애써도 실패하고 말 거야! 그게 정말로 원이라면 동시에 네모일 수 없을 테고, 진짜 네모라면 동시에 원일 수 없을 테니까!

Q 잠깐만요. 우린 지금 철학을 논하는 건가요, 아니면 수수께끼 놀이를 하는 중인가요?

조금만 더 참으렴……. 이건 중요한 문제니 말이다. 실제로 우리가 개념들 속에서 진실을 찾으려면 반드시 문장을 통과해야 하니까. 모든 문장이 그렇듯이 이 문장들도 단어들로 이루어졌지. 진실이란 여신도 아니고, 신비롭고 접근 불가능한 세상의 한 지역도 아니야. 그건 단지 문장의 적절성을 의미해. 어떤 문장들은 참이고 어떤 문장들은 거짓이거든. 그러니까 문장이 어떻게 구성되어 있는지, 의미가 있는 문장인지 아닌지를 살펴야 한단다.

그러기 위해선 '네모난 원'과 같은 유형의 문장들을 추려 내는 작업이 우선 필요해. 이런 문장들은 어떤 개념과도 일치하지 않거든. 또 그것들은 우리로선 도무지 생각이 미치지 않는 **모순**이니까 제거할 수 있어. 반면 모순을 내포하지 않는 많은 것들을 상상해 볼 수 있지. 현실에 존재하지 않는 것들까지 포함에서 말이야. 황금 산이나 날개 달린 말을 예로 들 수 있겠다. 그것들은 생각이 **가능한** 것들이니까. 현실에선 존재하지 않을지라도 말하자면 '상상 속에서'는 가능하잖니. 네모난 원과는 전혀 다른 경우야. '거북의 털'에 비견되는 또 다른 경우란다.

Q 거북의 털이라고요?

   과거에 불교 철학자들 사이에서 회자되던 농담이란다. '거북의 털은 뻣뻣한가 부드러운가?' 라는 물음에 대한 대답을 찾는 상황을 그들은 상상했지. 그러나 이 질문에는 옳은 대답도 그릇된 대답도, 어떤 대답도 존재하지 않았어. 거북은 털이 없기 때문이야.

   이건 또 다른 경우라 하겠다. 난 거북의 털(혹은 황금 산)을 상상할 수 있으니까. 하지만 생각뿐이지 현실에서는 일치하는 대상을 찾을 수 없잖니.

   그러니까 어떤 개념이 참인지 거짓인지 결정짓기 전에 적어도 세 가지 알아야 할 사항이 있단다. 첫째, 이 개념을 표현한 문장이 아무 생각도 전해 줄 수 없는 횡설수설에 불과한 건 아닌지('녹색 하고 혹은 때문에'의 유형), 둘째, 문장이 그 개념을 생각할 수 없게 만드는 모순을 내포하지는 않는지('네모난 원'의 유형), 셋째, 문장이 가능한 무엇이 아닌 실제로 존재하는 무언가에 관한 것인지('거북의 털'의 유형)야.

   너도 이해하게 되겠지만, 차분히 생각해 보면 그리 어려운 문제도 아니란다. 이 모두가 얼마나 중요한 내용인지 네가 눈치채지 못했어도 상관없는 일이야. 그러나 이건 알아

두렴. 철학이 참된 개념들을 찾으려면 반드시 말과 언어와 논리, 즉 말과 개념이 상호 조직을 이루고 있는 방식에 대한 작업을 거쳐야 한다는 거야. 그리스인들은 이미 고대에 이 사실을 깨달았지. **논리학**이란 말이 어디서 유래했는지 아니?

Q 아뇨, 모르겠어요.

'logos' 라는 명사로부터 형성된 그리스어의 형용사 'logikos'에서 나왔단다. 그런데 'logos'는 아주 이상한 단어야. 박식한 자와 지혜로운 자를 동시에 의미하는 'sophos'(philosophe의 sophe)를 넌 기억하겠지. 그렇다면 됐어. 'logos' 역시 '말'(언어)과 '이성'(반성하고 증명 · 추론할 수 있는 능력), 그리고 '계산'을 동시에 의미한단다. 인간을 'logikos'한 동물이라고 정의한다면, 그건 그리스어로 '말하는' 동물과 '이성을 부여받은' 동물을 동시에 지칭하지.

이건 우리의 관심사를 위해 중대한 정보야. 말과 생각은 밀접한 관련을 지닌 두 가지 행위란다. 개념들간의 상호 연관성 및 관계, 그리고 개념들의 존재 자체는 인간의 언어와 직접적인 관련을 지니기 때문이야. 추론할 수 있다는 건 결국 한 언어의 표지들을 다룰 수 있다는 말이거든. 단어가 지칭하는 것은 개념이지 사물이 아니라는 사실을 너도 깨달을 거야…….

Q 전 그렇게 생각하지 않아요. 만일 제가 "방금 전에 난 꽃병에 꽃을 꽂았다. 그리고 지금은 소파에 앉아 있다"라고 말한다면, 거기 나오는 건 사물들이에요! 이 모든 게 구체적이니까요. 꽃은 개념이 아니잖아요. 꽃병이나 소파도 마찬가지구요!

그렇다면 내 말이 틀린 거겠지. 네가 생각하기에 단어는 개념을 지칭하는 게 아니라 진짜 대상이나 진짜 사람을 지칭한다면 말이다…….

Q 그래요. 전 그렇게 생각해요.

유감스럽지만 그건 환상이란다. 우리가 사실이라고 믿지만 실은 이치가 닿지 않는 대표적인 예란다.

Q 어째서 그렇죠? 제 말이 사실이잖아요! 저는 꽃이나 소파에 대해 말했지, 어떤 개념에 대해 말한 게 아니에요!

만일 네가 누군가에게 '꽃'이라는 말을 한다면 이 사람은 무엇을 생각하겠니?

Q 당연히 꽃을 생각하겠죠……,

그렇다면 그 꽃이 네가 방금 전에 꽃병에 꽂은 꽃, 지금 이곳에 있는 이 꽃일까? 그 사람이 바로 이 꽃을 생각할까?

Q 그건 물론 아니에요. 여전히 묘한 질문만 하시네요!

그럼 마지막으로 이상한 질문을 하나 더 하겠다. '소파'라는 말과 우리의 소파가 같은 것일까? 네가 누군가에게 '소파'라고 말했을 때 그 사람이 머리에 떠올리는 건 네가 앉아 있는 이 소파가 아니라는 걸 너도 인정하잖니.

Q 네, 그건 인정해요……. 그럼 어떤 결론을 내려야 하는 건가요?

네겐 그다지 유쾌하지 않은 결론에 이르고 있는 중이야. '꽃'이란 말이 반드시 우리 앞에 놓인 이 꽃을 떠오르게 하지는 않아. 그렇다면 무엇을 생각나게 하는 걸까?

Q 그냥 아무 꽃이겠죠…….

맞았어. 그러면 아무 꽃이란 혹시 꽃의 개념이라고 말할 수 있지 않을까?

Q 아, 더 이상 뭐가 뭔지 모르겠어요.

앞에서 한 이야기를 되새겨 보거라. 말은 항상 개념을 지칭한다는 점을 난 분명히 했지. 하지만 넌 이 점을 인정하지 않았어. '꽃' '꽃병' '소파' 같은 말들은 여기에 있는 진짜 사물들을 지칭한다고 반박하면서 말이다. 어떤 사람이 '꽃'이라는 말을 듣는다면 그가 여기 있는 이 꽃을 생각할지 내가 강조해서 물은 것도 그 때문이야. 그건 아니라는 걸 너도 시인했지. 그러면 그 사람은 무얼 생각할까? '일반적인' 꽃을 생각할 거야. 그저 '꽃'이라고만 한다면 장미, 들국화, 국화, 작약, 그 많은 꽃들 중에 어떤 꽃인지 말하지 않은 셈이지. 그런데 이 '일반적인' 꽃은…… 순전히 꽃의 개념이 아닐까 싶어! 바로 그거란다! 모든 꽃이 지닌 공통적인 요소 말이다. 그건 어떤 특정한 꽃이나 현실에 존재하는 꽃이 아니야. 보통 명사는 모두 마찬가지란다. 그것들은 사물이 아닌 개념들, 일반적일 수밖에 없는 개념들을 지칭하지. 이것은 모든 보통 명사, 모든 언어에 적용된단다. 예를 들면 소파나 그밖의 것들에 대해서도 말이지!

Q 그렇다면 제가 앉아 있는 이건 뭐죠?

그건 물론 소파지…….

Q 그런데 그게 개념이란 말이죠?

아니야! 그건 물론 사물이지. 세상의 어떤 사람도 개념 위에 앉지는 않는다. 이 점에 너도 동의하리라 생각해.

Q 그럼 제가 소파에 대해 이야기한다면 제가 말하는 건 사물일까요, 혹은 개념일까요?

둘 다야! 이것이 바로 우리가 봉착하는 난점이란다. 네가 소파에 대해 말한다면 어떤 사물의 개념(이런 유형의 가구가 지니는 보편적인 개념)에 대해 말하고 있는 거야. 동시에 넌 이 사물의 여러 표본들 중 하나에 앉아 있는 거구. 그러니까 일반적인 소파와 특정한 소파를 혼동하지 않도록 유의해야 한단다.

Q 어휴……, 그렇다면 우리가 도달한 결론은 뭐죠?

지금까지의 설명이 이해에 도움이 되었으면 좋겠구나. 앞서 말한 일반적인 소파를 이 가구의 일반적인 개념이라고 하자. 그렇다면 일반적인 소파에 앉는 사람은 없을 거야. 일반적인 꽃을 꺾거나 향기를 맡는 사람이 없듯이 말이다. 하지만 "나는 소파에 앉아 있다"라고 네가 말한다면 넌 이 일반적인 개념을 빌려 이 거실에 있는 이 소파, 우리의 소파를 지칭하는 거지. 그건 개념이 아닌 구체적인 사물이야. 요컨대 넌 '이'라는 관형어 없이 그저 소파라고 하면서 실은 이 소파를 지칭하고 있어. 넌 일반적인 소파가 아닌 이 소파, 우리의 소파에 앉아 있는 거야.

Q 이제 어렴풋이나마 이해가 가는 것 같아요. 철학이란…… 이상한 거네요. 그런데 다른 모든 단어에 대해서도 앞서 말한 방식을 적용할 수 있나요?

보통 명사의 경우는 그래. 누가 '여자'라고 말하면 넌 알아듣지. 이 말은 어떤 특정한 인물도 지칭하지 않아. 그런데 네가 거리든 어디에서든 일반적인 '여자'를 만난다는 건 있을 수 없는 일이지. 일반적인 남자, 혹은 둘이라는 일반적인 수…… 이런 것들도 마찬가지야.

Q 하지만 둘씩 짝을 이루는 것들은 수도 없이 많잖아요. 신발, 양말, 장갑, 스키…….

그렇긴 해도 벽장이나 스키 트랙에서 '둘'과 마주칠 수는 없지! '둘'은 머릿속에만 존재하는 것이고, 이 단어는 (영어의 two, 독일어의 zwei, 스페인어의 dos) 이같은 개념을 지칭하는 거야. 너도 알다시피 '둘'은 아주 단순·명료한 개념이란다. 넌 아무 어려움 없이 이 개념을 생각할 수 있고, 또 다른 개념들과 혼동하지도 않지(하나나 셋도 마찬가지야). 그러니까 분명하고 명확한 개념인 셈인데, 그래도 **추상적**인 건 확실해!

Q 하지만 추상적이라는 건 그런 게 아니잖아요!

무슨 말인지 안다. 문제가 무언지 분명히 알 수 없는 이해하기 어려운 담화 따위를 두고 넌 추상적이라고 부르겠지. 대부분의 사람들이 그렇듯이 말이야. 추상적인 것이란 막연하고 모호한 것을 말해. 이해하려면 '머리를 써야 하는' 무엇이지.

Q 맞아요……,

하지만 그렇지 않아! 그건 적절한 정의가 아니란다. 다른 방식의 정의가 필요해. 단지 생각만 할 수 있는 현실, 이것이 바로 '추상적'이라고 할 수 있지. '둘'이라는 수는 바로 이런 유형의 현실이야. 넌 둘이라는 수를 만질 수도, 볼 수도, 맛볼 수도 없어. 보고 만지고 다룰 수 있는 현실, 요컨대 물질적인 현실은 '구체적'이야. 머릿속에서 생각되는 건 모두 추상적인 반면, 오감으로 감지되는 모든 것은 **구체적**이란다.

Q 그런데 한 가지 이해 안 되는 점이 있어요. 오감을 통해 경험되는 건 구체적이라는 말씀 말이에요.

그래, 대략 그렇다고 볼 수 있지.

Q 하지만 단어들은 제가 들을 수 있는 거잖아요! 아니면 글로 씌어진 걸 읽을 수도 있고요. 그렇다면 어떻게 그것들이 추상적인 개념들을 지칭한다고 할 수 있죠?

아, 정말 좋은 질문이다. 한 예로 '진입 금지'를 의미하는 표지판을 보거라. 그건 가로로 흰 막대가 있는 붉은 원이라는 건 누구나 아는 사실이지. 이 원은 양철과 그림으로 되어 있어. 우린 그걸 여러 방식으로 여러 각도에서 바라볼 수 있지만, 그래도 이 양철과 그림 속에서 '이 길에서는 이 방향으로의 운전이 금지되어 있다'라는 개념을 발견할 수는 없을 거야. 이런 개념은 단지 우리 머릿속에 든 거지 양철 속에 존재하는 게 아니거든. 하나의 그림과 개념을 우리가 연관지어 생각한 거란다. 이건 구체적인 그림이 추상적인 개념을 환기시키는 경우이지. 이처럼 **표지**는 늘 양면성을 지니게 돼. 즉 구체적인 면과 추상적인 면이야. 한편으론 사물이면서 다른 한편으론 개념인 셈이지.

단어들도 마찬가지란다. 넌 그 소리를 들을 수 있거나 글로 읽을 수도 있어. 이런 물리적인 요소들은 그것들과 연관된 개념들을 환기시키지. 네게 들리는 건 '둘'(혹은 '투' '츠바이')이라는 소리지 둘의 개념은 아니야! 알겠니?

Q 네, 이해했어요! 하지만 이런 것들이 대체 왜 중요한지 모르겠어요. 이런 것들이 다 무슨 소용이 있나요?

그런 의문을 가질 수도 있겠지. 하지만 그건 행복·정의·진실에 관한 문제란다. 말과 사물 그리고 문장을 만드는 방식을 두고 그토록 세밀히 검토하는 것도 그 때문이지. 그 과정에서 원인과 결과를 내다볼 수 없는 복잡한 문제들이 수없이 발생하기도 한단다. 이것이 대충 네게 줄 수 있는 대답이야. 내 말이 틀렸니?

Q 아뇨, 그 말이 맞아요. 그런 것 같아요…….

또 그게 정상이지 않겠니. 그럼 분명한 이해를 위해서 우리가 지금까지 한 말을 정리해 보자꾸나. '진실을 찾으려면 문장을 통과해야 한다'라는 확인에서 우리가 출발했다는 사실을 너도 기억하겠지?

Q 하지만 그게 우리가 지금까지 한 이야기와 무슨 관계가 있나요?

지금까지 우리가 한 이야기를 통해 드러난 사실이 하나 있지. 즉 철학은 말을 통해, 또 말에 대해 의문을 갖는 방식들을 통해 이루어진다는 거야. 대부분의 경우 우리는 질문의 제기나 반성 없이 말을 하지. 그런데 철학자들은 자신들이 하는 말에 주의를 기울이는 사람들이야. 사람들이 생각 없이 말하는 것을 그들은 생각을 하며 말한단다.

그러므로 철학은 언어와 그 메커니즘 및 힘, 한계에 대한 일종의 반성이기도 하지. 진실을 찾고 환상을 추방하는 것은 말과 함께, 말을 통해, 말 속에서 이루어지거든. 때문에 철학자들은 문장이 어떻게 구축되는지, 또 어떻게 사물들과 관계를 맺게 되는지 찾아야 했단다. 또 개념이 말과 관계를 맺는 방식에 대해서도 의문을 가져야 했지.

물론 이건 신기하게 여겨질 거야. 하지만 이렇게 해서 문법과 논리학이 연구되기 시작했단다! 철학을 대신해서냐고? 아니, 그보다는 이런 것들이 꼭 필요하다는 사실을 곧 깨닫게 된 거지. 참된 개념과 환상을 구별하려면 단어와 문장이 필요하니 말이야. 그러니까 이런 도구들이 어떻게 작동하는지 알아야 한단다. 또 그것들로부터 무엇을 기대할 수 있는지, 피해 가야 할 함정은 무엇이지도 알아야 하지.

자유의 길은 다양하다!

자, 이제 너도 '철학'이라는 용어가 지칭하는 바가 무언지 좀더 분명히 알게 되었겠지. 전체적인 이해를 완성하기 위해 이제 마지막 관문이 남았구나. 우리는 이제 설명을 위한 여러 요소를 획득했고, 언어의 중요성을 깨닫게 되었지. 또 긴 철학사의 몇 가지 갈래를 더듬어 보기도 했지. 그러면 마지막으로 철학의 영역이 얼마나 다양한지 살펴보도록 하자꾸나.

Q 철학의 다양한 영역들은 무어라 불리지요?

과거에는 '철학의 분야들'이라고 일컬어졌단다. 하지만 이런 명칭은 별로 도움이 못되는 듯싶구나. 글쎄, 어떤 말을 사용해야 할지 솔직히 나도 모르겠다. 어떤 용어도 꼭 들어맞는다고는 할 수 없어. 실제로 그건 별로 중요하지도 않은 문제지. 중요한 건 바로 개념이란다. 또 개념은 이해하기도 쉽고 말이다.

철학은 하나의 독특한 행위지만 전개되어 나가는 양식은 다양하단다. 또한 다양한 반성의 영역들이 있지.

Q 예를 들면 어떤 것들이죠?

그럼 가장 어려운 것부터 시작해 보자꾸나. 우선 **형이상학**은 현실의 가장 근본적인 사항들에 대해 묻는 철학 분야란다. 우리는 왜 존재하는가? '존재'를 우리는 무어라 부르는가? 왜 무(無)가 아니라 무언가 존재하는 것일까? 이런 것들이 바로 형이상학이 관심을 갖는 질문들이란다.

Q 그러면 발견한 건가요?

무얼 발견했다는 거냐?

Q 그러니까, 해답 말이에요.

물론이지. 하지만 그 무엇도 분명하지는 않단다. 이것들은 모두 확인 가능한 영역에서 출발해 구축된 것들이지. 그런가 하면 또 다른 철학의 줄기가 있는데, 그건 **논리학**이야. 바로 증명과 추론의 학문이지. 이것도 역시 중요해. 우린 참된 개념들을 찾고자 하면서 늘 잘못된 추론의 함정에 빠질 위험이 있거든.

Q 예를 들면 어떤 함정이죠?

내가 만일 "모든 x는 y이다"라고 네게 말했다고 하자. 이 말에서 네가 확실히 추론할 수 있는 게 무엇인지 묻고 싶구나. 이 x와 y가 무언지 네가 전혀 모른다고 가정하고 말이야.

Q "모든 y는 x이다"라고 추론할 수 있지 않나요?

틀렸어. "모든 금발머리 여자는 여성이다"라고 해서 "모

든 여성은 금발머리 여자이다”라는 결론에 이를 수는 없
잖니! 넌 단지 “어떤 여성은 금발머리 여자이다”라고 추론
할 수 있을 뿐이야. “모든 x는 y이다”라면 “어떤 y는 x이
다”인 셈이지. 네가 보다 구체적인 예를 원해서 “모든 금
발머리 여자는 여성이다”라고 한다면, “어떤 여성은 금발
머리 여자이다”가 될 테고 말이야. 일관성 있는 추론이란
바로 이런 거야.

　방금 전에 네가 저지른 실수는 사실 흔한 거란다. 그런
데 추론 과정에서 이런 실수가 생기면 큰 혼돈에 빠질 수
도 있지. 그러니까 논리학을 공부하는 게 중요하단다. 논
리학은 문장의 내용과는 상관없이 여러 추론의 형식에 몰
두하거든.

Q 이해할 수 있을 것 같아요. 그래도 좀 더 분명히 알
고 싶어요…….

　앞서 말한 예를 다시 생각해 보자. “모든 x는 y이다”라
면 “어떤 y는 x이다”라는 추론이 가능하다는 걸 우린 알았
어. 내 말이 맞지?

Q 네, 그건 확실해요.

    그렇다면 이 형식을 틀로 삼아서 다양한 요소들로 채워 보자꾸나. 방금 전에 난 x를 '금발머리 여자'로, y를 '여성'으로 보았지. 그랬더니 "모든 금발머리 여자가 여성이라면 어떤 여성은 금발머리 여자이다"라는 추론이 가능했어.

    그런데 이런 형식의 추론에서 난 전혀 상응하지 않는 요소들을 배치할 수 있단다. 예를 들어 x는 항공모함, y는 딸기향 껌이라고 하자. 그러면 "모든 항공모함이 딸기향 껌이라면 어떤 딸기향 껌은 항공모함이다"가 되겠지. 이 경우엔 무슨 일이 벌어지고 있는 걸까? 우선 문장들이 말이 안 되고 현실의 그 무엇과도 상응하지 않아. 물론 추론은 정확하고 제대로 구축되어 있어. 그 형식도, 연역 방식도 잘못 되지 않았어.

    그렇다면 부조리하고 그릇된 요소들을 가지고 정확한 추론을 할 수도 있다는 말이지. 추론은 하나의 형식으로서 그 안에 내포된 내용으로부터 독립되어 있단다. 고대와 중세의 철학자들은 이 사실을 완벽하게 인식하고 있었어. 그들은 추론의 다양한 형식들을 연구하고 분류했단다. 지난 1백 년 동안 논리학은 점점 더 정교해져서 오늘날에는 수학의 한 분야가 되기까지 했지.

Q 그러면 논리학은 철학에서 분리되었나요?

그렇단다. 논리학은 더 기술적이고 논리적이 되어 그 자체로서 완전한 학문이 되기에 이르렀지. 하지만 논리학만 그런 건 아니야. 과거에는 철학에 속해 있다가 점차 분리되기에 이른 다른 영역들도 있어. 예를 들면 심리학이 그렇단다.

Q 심리학도 예전에는 철학의 한 분야였나요?

그렇고말고. **심리학**(psychologie)은 말 그대로 심리(고대 그리스어의 psychè)에 대한 학문이야. 철학자들은 역사의 진행 과정 내내 우리가 자신의 여러 감각을 연결짓는 방법에 대해 연구했지. 또 우리의 기억 및 개념들의 연결, 감정과 느낌이 작동하는 방식을 고찰했단다. 그리하여 욕망·사랑·우정·동정심·증오·불안·안정감 등에 대한 수없이 많은 책을 썼어.

그러다가 역시 약 1백 년 전에 철학으로부터 분리되어 보다 경험에 근거한 과학적인 성격을 띠게 되었지. 너도 알다시피 오늘날엔 전세계에 수많은 연구소가 있어서 그곳에서 과학자들이 뇌의 기능을 연구한단다. 그들은 시각이 어떻게 작동하는지, 우리의 기억들이 어떻게 축적되는지 등, 이런 물음들의 해답을 찾고자 노력하고 있지. 또 우리가 음악을 듣거나 공포심을 느낄 때 뇌 속에서 무슨 일이 벌어지는지 등의 연구도 한단다.

이 모든 탐구는 전 세대의 철학자들로서는 알지도, 상상할 수도 없었던 기술의 도움을 받아 이루어지고 있어. 이게 바로 내가 강조하고 싶은 사항이지. 오늘날의 연구자들은 이들 새로운 기계를 가지고 과거의 철학자들이 품었던 같은 질문에 도전하고 있어. 육체와 정신의 관계가 늘 질문의 중심에 존재한단다.

우리의 의식은 어떻게 형성될까? 또 어떻게 의지가 근육에 명령을 전달할까? 왜 우리는 웃는 걸까? 눈물은 무엇을 의미하는 걸까? 그들은 이런 질문을 하지. 그런데 이것들은 바로 철학자들이 탐구했던 문제들이고 지금도 여전히 과학적 연구의 핵심을 이루고 있어. 실제로 심리학의 영역에서 일하는 연구자들은 종종 철학자들의 이론을 참고한단다. 그래서 철학자들과 논쟁을 벌이고 이들의 이론이 옳거나 그르다고 판단하기도 하지.

Q 제가 이해하기론 과거에는 철학자들이 있었다면 오늘날에는 과학자들이 있어서 동일한 문제들을 다루는 것 같아요. 제 말이 맞나요?

그래, 맞아. 심리학과 논리학의 경향이 대략 그렇다고 할 수 있지. 하지만 틀렸다고도 할 수 있어. 철학자들은 사라진 종(種)이 아니거든! 그들은 과거에 존재했지만 이제 과학자들에 의해 대체되었다고 생각한다면 잘못이야. 예를 들면 고대로부터 지금까지 끊임없이 발전해 온 중요한 철학 분야가 있단다. 오늘날에도 상당수의 철학자들이 이 분야에 관심을 갖고 있지. 소위 말하는 **도덕철학과 정치철학**이야.

Q '도덕'과 '정치'를 왜 함께 나란히 두는 거지요? 둘은 다르잖아요!

둘이 어떻게 다른데?

Q 도덕은 우리 각자에게 달린 개인적인 문제예요. 반

면 정치는 세상과 더 많은 관계를 가져요. 더 집단적이라고 하겠구요……,

너의 그 말은 이론의 여지가 있어. 실제로 무엇이 '선'이고 '악'인지 하는 판단은 여러 사람에게 적용되고, 흔히는 모든 사람에게 적용되기도 하지! 그러니까 각자가 자신의 도덕을 만들어 낸다는 생각은 지지하기 어려울 듯싶구나.

반대로 도덕과 정치 사이에는 한 가지 공통점이 있어. 즉 여러 사람들간의 관계라는 점이야. 정의롭거나 부정의한 행동, 영웅적이거나 범죄적인 행위, 미덕이나 악덕, 이 모두는 사람들 사이의 관계를 문제삼는단다. 우리가 로빈슨 크루소처럼 아무도 살지 않는 무인도에 떨어진다면 선이나 악을 행한다는 건 불가능하겠지! 우리는 여럿이고 또 함께 살아가기 때문에 서로에게 선하거나 악할 수 있는 거야.

우리가 선이나 악을 행하는 건 항상 누군가를 향해서야. 또 우리에게 선이나 악을 행하는 것도 항상 누군가이고. 요컨대 도덕의 모든 문제는 우리가 다른 사람들과 관계한다는 사실과 연관되어 있단다. 물론 다양한 차원에서 말이야. 연애, 친지 관계, 우정, 일, 경쟁, 상호 부조, 단결, 경합, 동지애 등. 이것들은 모든 인간 공동체 및 삶의 법칙들, 즉 도덕을 내포한단다. 정치도 동일선상에 있어. 넌 '정치' 라는 말이 어디에서 유래했는지 아니?

Q 그것도 그리스어에서 왔나요?

그래, 맞아! 'Politeia' 라는 그리스어야. 도시 국가를 의미하는 'polis' 에서 권력이 조직되는 방식을 말하지. 거기서도 우선 사람들간의 관계가 중요하단다. 하지만 특별한 각도에서 바라본 관계야. 여기서는 공무에 대한 결정을 어떻게 내려야 할지가 문제시되지. 누가 결정을 내리는가? 한사람인가? 아니면 몇몇 사람인가? 그 사람은 어떻게 지명되며 누구에 의해 지명되는가? 영구직인가? 아니면 정해진 임기가 있는가? 정치에 대한 반성은 바로 이런 문제들을 제기한단다. 그리고 이 문제들을 두고 철학자들은 끊임없이 숙고하는 거야.

Q 철학자들이 정치를 한다는 말인가요?

물론이야. 그들은 반성을 멈추지 않는단다. 그렇다고 전투적인 운동가나 한 국가의 정치가처럼 행동하는 건 아니야. 그들은 최상의 정치 체제나 권력의 성격, 개인과 국가의 관계에 대해 지속적으로 의문을 던진단다. 당연히 상반되는 학파나 분석이 존재하며, 시대에 따라 제기되는 문제도 변하지. 철학자들의 개념들로부터 광범위한 영향을 받았던 프랑스 혁명 이후로 사람들은 인권이나 시민의 자유 옹호에 전념했단다.

프랑스 혁명 시기에는 또한 도덕을 정의하는 방식에 있어서 중대한 변화가 있었어. 이 문제에 의문을 제기했던 사람은 바로 18세기말 독일의 철학자였던 칸트야. 내가 무엇을 해야 하는지를 어떻게 알 수 있을까? 내가 분명하고도 확실한 방법으로 내 의무를 알 수 있는 방법이 있을까? 이것이 바로 칸트의 초기 질문들이었단다.

Q 하지만 그건 사람들에게 달렸잖아요! 저마다 대답이 다를 수도 있고요!

그렇더라도 칸트가 한 예로 제시한 이야기를 들어보렴. 칸트는 열 살짜리 아이라도 이 이야기를 이해할 거라 생각했단다……. 한 남자가 어떤 무고한 자에 대한 거짓 증언을 하라는 명령을 제후로부터 받았어. 그는 이 무고한 자를 알지 못했고 이 사람과 아무 관계도 없었지만 그가 이런 증언을 하면 이 무고한 자는 죽음을 면할 수 없을 터였어. 또 그가 제후의 명령에 복종하면 보호를 받고 상까지 받겠지만, 그 명령을 거절하면 큰 곤경에 처할 터였지. 그렇다면 그의 의무는 무엇일까?

Q 증언을 하지 않는 게 그의 의무겠지요.

맞았어. 하지만 그 이유는 뭘까?

Q 아무 짓도 하지 않은 사람을 죽일 수는 없으니까요!

그래. 더 정확히 말하면 이렇지. 아무 짓도 하지 않은 사람을 죽여서는 **안 된다**고 말이야. 그런데 거짓 증언이 도덕적으로 금지되어 있는 건 그것이 증언 자체를 왜곡시켜 놓기 때문임을 칸트는 부연하고 있어. 무슨 말인지 알겠지. 증언을 할 때 거짓을 말할 수 있다면 더 이상 어떤 증언도 믿을 수 없게 된다는 뜻이야.

한 가지 사실을 눈여겨 보았니?

Q 아뇨. 무슨 사실이죠?

　넌 본능적으로 대답했지. 그런 일은 있을 수 없다고, 거짓 증언이 용인되어서는 안 된다고 말이다.

Q 물론이에요. 그래서 어떻다는 거죠?

　네 친구들도 같은 대답을 하리라 생각하니?

Q 네, 틀림없이 그럴 거예요!

　좋아. 그렇다면 그건 '사람들에게 달린 일'이라고 말할 수 없지 않겠니! 저마다 대답이 다르다고도 할 수 없고 ……. 요컨대 사람들은 모두 무엇이 자신의 **의무**인지를 알거나 혹은 쉽사리 알 수 있다는 것이 칸트가 말하는 내용의 요지야. 그리고 이 의무는 비슷한 상황 속에 있는 모두에게 같다고 할 수 있어.

　그러니까 사람들에게 달린 건 의무가 아니라 그 의무를 이행하느냐 마느냐야. 난 내가 해야 하는 바를 알지만 달리 행하기로 선택할 수도 있거든. 이 남자의 경우를 두고 칸트는 좀더 극적인 시나리오를 고안해 냈지. 제후가 그를 옥에 가두었을 뿐 아니라 아내와 아이들이 감방에 찾아와서는 제후의 명령에 복종하라고 그에게 애원하는 거야. 그가 알지도 못하는 무고한 자를 구하겠다고 계속 고집하면 그 자신은 물론 가족과 아이들까지 목숨이 위태로울 수 있게 되었거든.

그가 결국 굴복하는 모습을 우리는 상상할 수 있겠지. 어쩌면 그는 도덕적으로 처신하기보다는 자신의 생명과 가족의 행복을 구하기를 원할 수도 있거든. 각자에게는 도덕적으로 행동하지 않을 자유, 자신의 의무를 다하지 않아도 될 자유가 있어. 하지만 그건 무지로 인한 것이 아니고, 의무란 가변적이기 때문도 아니란다.

Q 다시 말해 도덕은 불변하지만 사람들이 서로 다른 방식으로 움직인다는 뜻인가요?

그래. 대략 그렇게 말할 수 있겠지. 의무는 모두에게 동일하지만 그것을 완수하느냐 마느냐 하는 결정은 다양하거든.

여기서 한 가지 강조되어야 할 중요한 사항이 있단다. 도덕이나 정치적 반성의 경우에는 철학적 사고와 연관된 공통점이 존재한다는 거야. 그건 다름아닌 **보편성**의 개념이란다. 의무는 모두에게 동일하다는 사실을 우린 방금 전에 목격했지. 다시 말해 여자나 남자에게, 흑인이나 백인에게, 부자나 가난한 자에게 의무는 다르지 않다는 거야. 예를 들면 인권에 대해 말한다고 하자. 넌 '세계 인권 선언'(la Déclaration universelle des droits de l'homme)을 떠올리겠지. 이 선언은 북유럽에만, 혹은 홀수일에만 적용되는 게 아니라 모든 장소, 모든 시간에 유효한 거야. 이런 걸 바로 보편적(universel)이라고 한단다. 보편적이라고 할 만한 또 다른 것들이 뭐가 있을까?

Q 수학은 어떤가요?

아주 잘 맞추었다. 거기다 논리학의 법칙들이나 방금 전에 살펴본 것들을 덧붙일 수 있겠지. 또 다른 차원에서 형이상학의 개념들도 그렇다고 할 수 있어. 세계가 왜 존재하는지를 알아낸다면 이 지식은 다른 것들에도 적용이 될 테니 말이야. 혹시 한 가지 사실을 눈치채지 않았니? 우린 지금 우리의 출발점으로 되돌아오고 있는 중이란다.

Q 그건 무슨 말씀이죠?

잘 들어보거라. 보편적인 한 가지가 있다면 그건 진리의 개념이야! 참된 개념은 역사의 한 시기나 한 국가에 한정되지 않는단다. 어떤 개념이 '정말로 참'이라면, 즉 '2×2=4'처럼 참이라면, 이 개념은 보편적인 거야. 즉 모든 시대와 모든 장소의 모든 사람에게 적용된다는 말이지.

다시 말해 철학은 단지 참된 개념들에 대한 탐구가 아니란다. 이런 참된 개념들은 보편적임을 또한 밝혀야 해. 그리고 온갖 영역에서, 또 온갖 주제에 대하여 우리의 이성을 사용하여 이 개념들을 발견해야 한단다.

그런데 무언가 마음에 걸리는 듯한 표정이구나. 무슨 일이냐?

Q 문제가 생겼어요. 방금 하신 말씀이 사실이라면 왜 철학자들은 모두 의견의 일치를 보지 못하는 걸까요? 그들은 똑같은 이성을 사용하고 똑같은 논리를 갖고 있

는데 말이에요. 그들은 모두 진리를 찾고 있잖아요. 그리고 이 진리가 보편적이어야 한다는 사실에 동의하고 있어요. 그런데도 모두 서로 다른 주장을 펴고 있으니, 그 이유가 뭐죠?

그건 아주 중대한 문제고, 또 아주 오래된 문제이기도 하단다. 이미 고대에도 사람들은 이 문제를 항상 생각했고 철학자들의 분산된 의견들을 비웃었지. 이런 이유를 들면서 철학은 아무짝에도 쓸모없다고 비방하기도 했어. 마치 우리는 장에 와 있는 듯한 느낌을 받기 때문이지. 그곳에선 저마다 자신의 진열대를 차려놓고 "진리는 여기 있다"고 외친단다. 그건 미심쩍거나 우스꽝스럽거나 실망스러운 일일 수도 있어.

하지만 우린 바로 이런 영역들에 발을 들여놓고 있는 거야. 마침내 모든 사람이 동의하게 되는 보편적인 진리가 있다 해도 이들 영역에선 이런 진리에 도달할 수가 없어. 그렇다고 우리가 탐구를 그만둘 수는 없지. 우린 계속 탐구할 수밖에 없단다.

그러니까 철학을 하려면 큰 야망을 품어야 함과 동시에 아주 겸손해야 할 것 같구나. 모든 것을 이해하고 모든 것을 해결하고 모든 것을 분석하기를 끊임없이 바란다는 점에서 큰 야망을 품어야 한다는 거야. 반면 이런 목표에 완전히 도달하기는 불가능하다는 사실과, 우리의 수단은 한계가 있고 노력은 끝이 없다는 사실을 잊지 말아야 한다는 점에서 아주 겸손해야 해.

고대 그리스인들은 하나의 대립 개념을 갖고 있었지. 우리에게도 쓸모가 있는 이 개념은 바로 '하나와 다수'란다.

Q 그건 뭘 의미하는데요?

여러 다양한 상황들을 두 단어로 표현하는 방식이야. '하나' 쪽에는 단일성, 통일성, 그리고 하나의 해결책과 대답, 진실을 소유함이 있지. 그러나 '다수' 쪽에는 그 말이 지칭하듯이 다양성, 분산, 그리고 수없이 많은 탐구와 해결책과 대답이 있어.

이 양 극단은 모두 접근 불가능하단다. '단 하나'의 철학은 있을 수 없을 거야. 하지만 서로 관계가 없는 '무한한' 사고들도 있을 수 없잖니. 서로 전혀 닮지도 이해할 수도 없는 무수한 사고의 체계들이 지상에 존재하는 건 아니란다.

이 모두는 다양성과 단일성 간의 영구한 긴장의 형태 속에서 작동하지. 다양성 쪽에는 늘 새롭고 상이한 개념들과 특수한 것들을 보는 방식 및 갈등이 존재한단다. 반면 단일성 쪽에는 이런 요소들을 서로 연결짓고 비교하는 한편 가능하면 접근시키기 위한 노력들이 존재해.

그렇기 때문에 여러 다양한 철학과 학파, 탐구의 영역들이 있는 거야. 단지 '철학'이라는 하나의 행위만 있는 게 아니고 말이다.

Q 이러다간 질문이 끝이 없겠네요……, 그 모든 걸 알 수 있을 것 같지도 않구요!

그건 아무래도 좋단다. 모든 책을 읽는다거나 모든 음악을 들을 수 있는 사람은 없을 테니까……. 중요한 건 개념들을 통해 네 자신만의 길을 찾는 거야. 철학자들을 친구나 적으로 삼게 된다면 그보다 더 좋을 순 없겠지.

Q 그건 무슨 말이죠?

네가 이미 갖고 있는 생각들을 발전시키는 철학자들이 있다면 그들은 친구일 거야. 그들은 이 생각들이 지닌 힘과 풍요로움을 네가 발견하도록 도와줄 테니까. 그들은 네게 논거를 제공하는 한편, 네가 이미 감지한 것을 심화시키고 강화하도록 해줄 거야.

Q 그럼 적은 누군가요?

그들의 글을 읽으면서 우리가 다음과 같이 말한다면 그들은 적이야. "어쩜 이렇게 생각할 수 있을까? 말도 안 되는 일이야! 생각만 해도 끔찍하네! 이런 생각을 한다니 상상도 하기 힘들어"라고 말이야. 이런 적들도 없어서는 안 되는 존재들이지. 매우 소중한 존재들이라고도 할 수 있단다. 그들 덕분에 넌 새로운 관점과 개념을 발견할 수 있으니까. 너 혼자 힘으론 절대로 생각해 낼 수 없는 것들이지.

아무튼 중요한 건 지루함을 느끼지 않는 거야. 우리가 좋아하거나 싫어하는 사람들의 글을 읽고, 기쁘거나 화가 나서 소리를 내지를 수도 있다는 거란다. 이런 것들이 사고의 촉발을 돕는다고 생각해.

Q 하지만 철학자들의 글을 읽다 보면 지루해지는 게

사실이에요, 특히 전혀 이해가 가지 않을 땐 말이죠!

　지루해 못 견디게 된 상황이라면 멈추어야겠지. 아주 간단한 일이야. 하지만 전혀 이해가 가지 않는다는 말은 믿을 수 없구나. 그건 사실이 아니야. 책을 읽노라면 어렴풋이나마 이해할 수 있는 장(章)이 반드시 있을 테니까. 또 한 장에서 한 페이지쯤은 이해가 갈 거야. 내용이 아주 불투명한 페이지에서도 완전히 이해할 수 있는 문장이 하나쯤은 있을 테고.

Q 그래서 어쩌라는 말인가요?

　그것을 붙잡으라는 거야. 이해가 되는 것에 매달리라는 말이지. 거기에서 출발해 덜 분명하거나 통 종잡을 수 없는 것들 속으로 조금씩 들어가 보도록 하거라. 좀더 인내심을 갖고 체계적으로 임한다면 상황이 조금씩 달라질 거야. 마침내 철학은 온갖 종류의 모험과 우여곡절과 여정을 선사할 테니까. 말하자면 철학은 그 자체의 방식대로 여행을 가능케 하는 행위야. 그렇다면 이제 네가 할 일은 너만의 길을 만들어 가는 거란다!

이창실

이화여자대학교 영어영문학과 졸업

프랑스 스트라스부르대학 응용언어학 과정 이수

이화여자대학교 통번역대학원 한불과 졸업

역서: 《글렌 굴드, 피아노 솔로》《번영의 비참》

《누보 로망, 누보 시네마》《프란츠 카프카의 고독》

《키에르케고르》《길모퉁이에서의 모험》 등

현대신서
306

아이들에게 들려주는 철학 이야기

초판발행 : 2006년 5월 10일

東文選

제10-64호, 78. 12. 16 등록

110-300 서울 종로구 관훈동 74

전화 : 737-2795

편집설계 : 李姃旼

ISBN 89-8038-828-4 04100

ISBN 89-8038-050-X (현대신서)

東文選 文藝新書 2001

우리 아이들에게
어떤 지표를 주어야 할까?

장 뤽 오베르 / 이창실 옮김

가족이 해체되고, 종교와 신앙·가치들이 의문에 부쳐지고, 권위와 교육적 기준들이 흔들리고 있다. 오늘날 전통적 지표들이 동요하고 있는 것이다. 그런데 아이가 밝고 건강하게 자라기 위해서는 반드시 지표들이 주어져야 한다. 그렇지 못할 경우에 극단적인 태도로 기울어질 위험이 있기 때문이다.

교육심리학자이자 여러 저서의 저자이기도 한 장 뤽 오베르는, 아이들과 부모들에 대한 일상의 관찰에 힘입어 다음의 질문들에 대답하고 있다.

- 갓난아이, 어린아이, 청소년에게는 어떤 지표들이 반드시 필요한가?
- 아이를 과잉보호하지 않고 어떻게 안심시킬 수 있을까?
- 왜 다른 교육이 필요한가?
- 청소년기의 위기 앞에서 어떻게 반응해야 할까?
- 건전한 지표들과 불건전한 지표들을 어떻게 구별할 수 있을까?
- 무엇이 아이에게 강한 정체성을 부여하는 것일까?
- 쾌락과 관련된 지표들이 어떤 점에서 중요한가?
- 아이들은 신앙을 필요로 하는가?

본서는 부모들의 필독서로서, 그들에게 반성의 실마리 및 조언을 주어 자녀들이 절대적으로 필요로 하는 지표들을 제공할 수 있도록 한다. 그리하여 아동이 속박이나 염려스러운 불분명함 속에 방치되는 일 없이 교육을 통해 적절한 균형을 찾을 수 있도록 도와 준다. 또한 현재와 미래의 행복한 삶을 위한 성공의 조건들을 하나하나 제시해 나간다.

東文選 文藝新書 2006

엄마 아빠,
전 못하겠어요!

엠마누엘 리공 / 이창실 옮김

"아이가 자신감이 없어요. 금세 좌절해 버려요. 자기 능력을 의심해요……"라는 말을 부모로부터 자주 듣게 되는데, 이런 지적을 무심코 넘겨서는 안 된다. 아주 어린 시절에 이미 행복하고 균형 잡힌 삶의 바탕이 되는 자긍심이 형성되기 때문이다. 그런데 자아에 대한 내면의 가치 의식이 때로는 나이에 상관없이 아이들에게 결여될 수 있다.

임상심리학자이자 심리치료사인 엠마누엘 리공은 이 책에서 아이가 확고한 자아를 확립하고 안정감을 가질 수 있도록 도우면서, 부모들이 제기하는 다음의 질문들에 답변한다.

- 자긍심은 어떻게 형성되는가?
- 외부의 영향력은 얼마나 큰 비중을 차지하는가?
- 교육의 원칙들로 말미암아 아이가 스스로를 평가절하할 수도 있을까?
- 아이는 어떤 행동들을 통해 자신감의 결여를 드러내는가?
- 어떻게 '적절한 정도'의 칭찬을 해줄 수 있는가?
- 어린아이도 자신을 의심할 수 있을까?
- 자신을 사랑하지 않는 청소년에게 어떤 도움을 줄 수 있을까?

아이가 자신을 사랑하고 존중하도록 돕기. 삶의 각 단계를 넘어설 수 있도록 아이에게 근본적인 신뢰감을 부여하기. 본서는 우리에게 이런 가르침을 주며, 지금까지 너무 자주 소홀히 여겨져 온 주제에 대해 새로운 시야를 열어 보인다.

東文選 文藝新書 2005

부모들이여, '안 돼'라고 말하라!

파트릭 들라로슈 / 김주경 옮김

"금지하는 것은 금지되었다." 이 역설은 부모의 권위가 실추되어 가고 있는 사회를 폭로한다. 그 사회에서 어머니들은 너무 권위적이 되는 것을 두려워하는 반면, 아버지들은 아버지 이미지가 점차 약해져 가는 것을 두려워한다. 그런데 체험된 경험과 임상 실험에 의한 관찰은 아이가 어른으로 성숙해 가기 위해서는 반드시 한계선을 필요로 한다는 것을 증명해 준다. 자녀에게 감히 '안 돼'라고 말하지 못하는 부모들의 태도는 교육을 돕기보다는 교육의 기준을 무너뜨리고 있다.

- 어디에서 금지가 필요한가?
- 무엇을 거부해야 할까?
- 벌을 꼭 주어야만 할까?
  벌을 줘야 한다면 어떻게 주어야 할까?
- 위반에 대해서 어떻게 반응해야 할까?
- 성에 관한 문제에서는 어떤 태도를 취해야 할까?

정신분석가이자 소아정신과 의사이며, 《문제 있는 청소년기》의 저자인 파트릭 들라로슈 박사는 감히 한번도 안 된다고 말해 보지 못한 많은 아버지와 어머니들이 제기하는 이런 문제들에 답하고 있다. 그는 자녀에게 해서는 안 되는 것을 금지할 때 부모 각자가 해야 할 역할과 기능을 설명하고 금지의 필요성을 정의하면서, 확고하면서도 결코 지나치게 엄격하지 않은 교육을 옹호한다. 그것이야말로 아이가 훗날 의무와 구속의 사회 속에 제대로 자리잡을 수 있도록 도와 주는 유일한 방법이 아니겠는가? 이 요청은 심리학적 개념들이 너무나 자주 잘못 이해되고 있는 탓에 희생자가 되어 버린 많은 부모들을 죄책감에서 해방시켜 줄 것이다.

東文選 現代新書 108

딸에게 들려 주는 작은 철학

롤란트 시몬 셰퍼
안상원 옮김

★독일 청소년 저작상 수상(97)
★청소년을 위한 좋은 책(99, 한국간행물윤리위원회)

작은 철학이 큰사람을 만든다. 아이들과 철학을 이야기하는 것이 요즘 유행처럼 되었다. 아이들에게 철학을 감추지 않는 것, 그것은 분명히 옳은 일이다. 세계에 대한 어른들의 질문이나 아이들의 질문들은 종종 큰 차이가 없으며, 철학은 여기에 답을 줄 수 있다. 이 작은 책은 신중하고 재미있게, 그러면서도 주도면밀하게 철학의 질문들에 대답해 준다.

이 책의 저자 시몬 셰퍼 교수는 독일의 원로 철학자이다. 그가 원숙한 나이에 철학에 대한 깊은 이해를 가지고 자신의 딸이거나 손녀로 가정되고 있는 베레니케에게 대화하듯 철학 이야기를 들려 주고 있다. 만약 그 어려운 수수께끼를 설명한다면 어떻게 할 것인가를 모형적으로 제시하고 있다.

철학은 우리의 구체적인 삶과 멀리 떨어져 있는 삶이 아니다. 우리가 사용하고 있는 말이란 무엇이며, 안다는 것은 무엇인가. 세계와 자연, 사회와 도덕적 질서, 신과 인간의 의미는 무엇인가 등 철학적 사유의 본질적 테마들로 모두 아홉 개의 장으로 나누어 이야기하고 있다. 쉽게 서술되었지만 내용은 무게를 가지고 있어서 중·고등학생뿐만 아니라 대학생과 성인들에게 철학에 대한 평이한 길라잡이가 될 것이다.

東文選 現代新書 113

쥐비알

알렉상드르 자르댕

김남주 옮김

아버지의 유산, 우리들 가슴속엔 어떤 아버지가 자리하고 있는가?

정신적 지주였던 아버지에 관한 자전적 이야기인 이 작품은, 소설보다 더 소설적인 부자(父子)의 삶을 감동적으로 담아내고 있다. 자녀들에게 쥐비알이라는 애칭으로 불렸던 그의 아버지 파스칼 자르댕은 여러 편의 소설과 1백여 편의 시나리오를 남겼다. 그 또한 자신의 아버지, 그러니까 저자의 할아버지에 대한 소설 《노란 곱추》를 발표하였으며, 이 작품 또한 수년 전 한국에 소개된 바 있다. 하지만 자유 그 자체였던 그의 존재 이유는 무엇보다도 여자를 사랑하는 일에 있었다. 그의 진정한 일은 여인을 사랑하는 것이었다, 특히 자신의 아내를.

그는 열여섯의 나이에 아버지의 여자친구인 거대한 재산 상속녀의 침대로 기운차게 뛰어들어 그녀의 정부가 되었으며, 자신들의 관계를 기념하기 위해 베르사유궁의 프티 트리아농과 똑같은 저택을 짓게 하고 파티를 열어 그의 아버지를 초대하는가 하면, 창녀를 친구로 사귀어 몇 달 동안 하루도 거르지 않고 서너 차례씩 꽃다발을 보내어 관리인으로 하여금 그녀가 혹시 공주가 아닐까 하는 착각에 빠지게끔 만들기도 하였다. 그런가 하면 자신의 어머니의 절친한 연인의 해골과 뼈를 집 안에 들여다 놓고, 그것이 저 유명한 나폴레옹 외무상이었던 탈레랑의 뼈라고 능청스레 둘러대다가 탄로나서 집 안을 발칵 뒤집히게 하는 등, 기상천외한 기행과 사랑의 모험을 한순간도 멈추지 않았다. 심지어 죽어서까지 그의 영원한 연인이자 아내였던 저자의 어머니에게 끊임없이 무덤으로부터 열렬한 사랑의 편지가 배달되게 하는가 하면, 17년이 지난 오늘날까지 그의 아내를 포함하여 그를 사랑했던 30여 명의 여인들을 해마다 그가 죽은 날을 기해 성당에 모여 눈물을 흘리게 하여, 그가 죽음으로써 안도의 숨을 내쉬었던 그녀들의 남자들을 참담하게 만들기도 하였다. 스위스의 그의 무덤에는 하루도 빠짐없이 지금까지도 제비꽃 다발이 놓이고 있다.

東文選 現代新書 148

철학 기초 강의

프레데릭 로피

공나리 옮김

철학하기는 언제나 위험한 일이다. 불경함 때문에 죽은 소크라테스의 음산한 그림자는 사라지지 않았다. 성가시고, 기묘하게 문제 제기된 질문들, 마음을 괴롭히는 의문들과 신랄한 아이러니, 언제나 이런 것들이 철학이다.

스스로 생각하기, 이것이 바로 핵심 단어이다.

하지만 이러한 사유의 자율성은 획득되어야 하는 것이다. 그것은 하나의 의견이나 선입견, 혹은 여론이 아니다.

모순이 있다면, 스스로 생각하기 위해서는 생각하는 법을 배워야 한다는 것이다. 다른 사람들이 던진 질문에 의해 번민하도록 스스로를 내버려둘 줄 알아야 한다. 거기에서 자신을 잃어버리거나, 혹은 유행하는 결과물들에 굴복하지 않아야 한다.

따라서 이 책은 가장 고전적인 스무 개의 문헌들을 소개하고, 그것들을 이용하여 고등학교 졸업반 교과 과정의 핵심적인 주제들과 개념들을 생각하게 만든다. 산만함을 지양하면서 이 책은 철학적인 텍스트를 어떻게 읽는가를 보여 주고, 또한 여러 관념들에 대해 질문하기 위해 철학 텍스트를 어떻게 이용해야 하는가를 보여 주고 있다. 간단하고도 강력한 이 책은 철학하기를 원하고, 또한 고등학교 졸업반 수험생이 갖추어야 할 핵심 사항을 얻고자 하는 이들에게 귀중한 도구가 될 것이다.